Adesso!

An Introduction to Italian

THIRD EDITION

AUDIOSCRIPT WITH ANSWER KEY

Adesso!

An Introduction to Italian

THIRD EDITION

AUDIOSCRIPT WITH ANSWER KEY

Michael Lettieri
University of Toronto

Raffaella Maiguashca
York University

Salvatore Bancheri
University of Toronto

Australia • Canada • Mexico • Singapore • Spain • United Kingdom • United States

Adesso!, An Introduction to Italian, Third Edition,
Audioscript with Answer Key
Lettieri, Maiguashca, Bancheri

Editor-in-Chief: P.J. Boardman
Executive Editor: Carrie Brandon
Assistant Editor: Arlinda Shtuni
Production Project Manager: Annette Pagliaro
Marketing Manager: Lindsey Richardson
Manufacturing Manager: Marcia Locke
Compositor: GGS Book Services, Inc.
Production Service: GGS Book Services, Inc.
Printer: The P.A. Hutchison Company

Printed in the United States of America
2 3 4 5 6 7 — 08 07 06

For more information contact Thomson Heinle, 25 Thomson Place, Boston, MA 02210 USA, or you can visit our Internet site at http://www.thomson.com

ISBN: 1-4130-0355-9

CONTENTS

Audioscript

Answer Key

AUDIOSCRIPT

CAPITOLO

Un caffè, per favore!

In laboratorio

Pronuncia: Le vocali 1

A. In Italian, each of the vowels **a**, **e**, **i**, **o**, **u** stands, in general, for a single sound. The **e** and **o** may be pronounced as open or closed sounds. This feature varies in Italy according to region.

Letter	Phonetic Symbol	Pronunciation	Example
a	/a/	«ah» as in *father*	**aranciata**
e	/e/	«eh» as in *pen*	**bene**
i	/i/	«eeh» as in *week*	**sì**
o	/o/	«oh» as in *boss*	**no**
u	/u/	«ooh» as in *boot*	**tu**

B. Repeat each word after the speaker.

1. / a /:	acqua	bar	aranciata	grazie
2. / e /:	bene	niente	corretto	prezzo
3. / i /:	bitter	signorina	bottiglia	via
4. / o /:	dolce	doppio	dove	molto
5. / u /:	succo	frutta	zucchero	lungo

C. Repeat each of the following words, expressions, and sentences, imitating the speaker.

1. grazie
2. acqua minerale
3. un caffè macchiato
4. aranciata
5. ristretto
6. Desiderate un caffè?
7. Sì, volentieri!
8. Lui e lei non sono di Firenze.
9. Un cappuccino, per piacere
10. Come ti chiami?

D. Dettato. You will hear five sentences. Each will be read three times. During the first reading, listen to the sentence. During the second reading, write what you hear. Then, during the third reading, check your work.

1. Prego, signore. Desidera?
2. Un cappuccino, per piacere.
3. Ciao, Raffaella! Come stai?
4. Ragazzi, vi presento Marco, Gisella e Michele.
5. Marcello, anche tu sei di Firenze?

E. La foto giusta. You will hear two brief conversations. Each will be read twice. Write the number of the conversation beside the picture to which it best corresponds.

1. **BARISTA:** Desidera?
   SIGNORINA: Un caffè, per piacere.
   BARISTA: E Lei signore?
   SIGNORE: Per me, un cappuccino, grazie!
2. **SIGNORINA GOLINI:** Buongiorno, professore!
   PROFESSOR VERDI: Buongiorno. Come sta?
   SIGNORINA GOLINI: Bene, grazie. E Lei?
   PROFESSOR VERDI: Non c'è male. Grazie.

Ascolto

F. Un caffè, per favore! Imagine that you are a waiter in a café in Italy. You are going to hear different people ordering a variety of beverages. Check each item on the list below as you hear it ordered.

1. Una limonata, per piacere.
2. Un caffè, per piacere.
3. Un succo di frutta, per piacere.
4. Una Coca-Cola, per piacere.
5. Un'acqua minerale, per piacere.
6. Un caffellatte, per piacere.
7. Un cappuccino, per piacere.

G. Desidera? You are seated in a café in Florence. When the waiter asks, **"Desidera?"**, order something to drink according to the drawing. Then listen for the correct answer.

ESEMPIO: *You hear:* Desidera?
You say: Un succo di frutta, per favore.

1. Desidera?
   [Una limonata, per favore.]
2. Desidera?
   [Un succo di frutta, per favore.]
3. Desidera?
   [Un caffè, per favore.]
4. Desidera?
   [Un'acqua minerale, per favore.]
5. Desidera?
   [Una Coca-Cola, per favore.]
6. Desidera?
   [Un'aranciata, per favore.]
7. Desidera?
   [Un cappuccino, per favore.]

H. Rispondi! You will hear three questions, each read twice. Answer each question in complete sentences.

1. Come ti chiami?
   [Answer will vary.]
2. Di dove sei?
   [Answer will vary.]
3. Come stai?
   [Answer will vary.]

I. Fa' la domanda! Give an appropriate question for each answer you hear, using the polite form **Lei**. Each answer will be read twice. Then listen for the appropriate question.

1. Mi chiamo John.
   [Come si chiama?]
2. Sto bene, grazie.
   [Come sta?]
3. Sono di Boston.
   [Di dov'è?]

J. Ciao, Debbie! You have just met Debbie at the espresso bar. Perform the following courtesies in Italian, as directed on the audio program. Then listen for the correct phrases.

ESEMPIO: *You hear:* Say hello to Debbie.
You say: *Ciao, Debbie.*

1. Ask her how she is.
   [Come stai?]
2. Ask her if she would like something.
   [Prendi qualcosa?]
3. Introduce her to your friend Teresa.
   [Ti presento Teresa.]

K. Cosa prendi? You will hear a short conversation read twice. Answer the questions asked about the conversation. Then listen for the correct answer.

Franco e Linda sono in una trattoria.

LINDA: Franco, cosa prendi?
FRANCO: Prendo solo un'aranciata. E tu?
LINDA: Io prendo una pizza e una Coca-Cola. Non ti piace la pizza?
FRANCO: Sì, la pizza mi piace. Non ho fame.

1. Dove sono Franco e Linda?
   [Franco e Linda sono in una trattoria.]
2. Cosa prende Franco?
   [Franco prende un'aranciata.]
3. Cosa prende Linda?
   [Linda prende una pizza e una Coca-Cola.]
4. Perché Franco non ordina una pizza?
   [Franco non ordina una pizza perché non ha fame.]

CAPITOLO

2 Buongiorno!

In laboratorio

Pronuncia: Le vocali 2

A. Words ending with an accented final vowel are stressed on that vowel: **caffè**, **così**, **papà**, **università**, **tè**. The accent mark is usually grave (`). But in some words, especially those ending in **–ché (perché)**, the acute accent mark (´) may be used.

The accent mark is used in some one-syllable words to avoid confusion: **e** (*and*) vs. **è** (*he/she/it is*).

When **a** and **e** come before a word beginning with a vowel, they may be written and pronounced as **ad** and **ed** to "smooth out" the pronunciation between syllables.

Loro vanno ad una pizzeria.	*They are going to a pizzeria.*
Lei ed io abbiamo fame.	*She and I are hungry.*

B. Repeat each of the following words, expressions, and sentences, imitating the speaker.

1. perché
2. così così
3. chissà
4. A più tardi!
5. Lui è in ritardo.
6. Lui e lei sono sempre in ritardo.
7. Di dov'è, Lei?
8. Permesso, c'è l'ingegner Rossi?
9. Lui ed io abbiamo sete.
10. Loro vanno ad una pizzeria.

C. The accents are missing from certain words below. Listening carefully to the speaker will help you place the missing accents.

1. Ecco un caff[è] per Lei.
2. Cameriere, dov'[è] il menu?
3. Chiss[à] dove sono la dottoressa Marchi e l'ingener Valenti?
4. Perch[é] aspetti il professore?
5. Anche lui viene al bar perch[é] vuole conoscere Debbie.
6. Come sta, dottoressa Marchi? Non c'[è] male, grazie.

Ascolto

D. Dettato. You will hear six sentences. Each will be read three times. During the first reading, listen to the sentence. During the second reading, write what you hear. Then, during the third reading, check your work.

1. Cameriere, un panino al formaggio, per cortesia!
2. Giovanni ha un altro appuntamento.
3. Per me un'altra aranciata, per piacere.
4. C'è Maria? Dov'è Maria?

5. Io ordino gli spaghetti alla carbonara.
6. Il caffè mi piace lungo e corretto.

E. Si accomodi, signorina! You have just met Miss Giannini. Perform the following courtesies in Italian, as directed on the audio program. Then listen for the correct phrases.

ESEMPIO: *You hear:* Say hello to Miss Giannini.
You say: Buongiorno, signorina Giannini.

1. Ask her to be seated.
   [Prego, signorinas, si accomodi!]
2. Say that you are delighted to meet her.
   [Molto lieto. O Molto lieta.]
3. Introduce her to Mr. Tozzi.
   [Le presento il signor Tozzi.]

F. Anch'io... You will hear five statements. Each will be read twice. Respond by saying that you too are doing the same activity. Then repeat the correct response after the speaker.

ESEMPIO: *You hear:* Claudio studia tutto il giorno.
You say: Anch'io studio tutto il giorno.

1. Franco parla molto bene l'italiano.
   [Anch'io parlo molto bene l'italiano.]
2. Anna e Gianni prendono il gelato.
   [Anch'io prendo il gelato.]
3. Noi studiamo l'italiano.
   [Anch'io studio l'italiano.]
4. Roberta guarda la televisione.
   [Anch'io guardo la televisione.]
5. Io e Marco studiamo ogni giorno.
   [Anch'io studio ogni giorno.]

G. Giochiamo con le parole. Form a complete sentence out of each group of words below, paying careful attention to number and gender agreement as well as punctuation. Then repeat the response after the speaker.

ESEMPIO: *You see:* cappuccino / per / favore.
You say: Un cappuccino, per favore.

1. [Loro cosa prendono?]
2. [Buongiorno, signora Geri, come sta?]
3. [Di dov'è Lei, professor Smith?]
4. [Voi aspettate l'ingegner Dini.]
5. [Tu hai un appuntamento.]

H. Le coppie. You will hear the speaker say a pronoun. Match it with the appropriate verb form listed below. Then repeat the correct answer after the speaker.

ESEMPIO: *You hear:* io
You say: aspetto

1. io
   [aspetto]
2. voi
   [venite]

3. tu
   [chiacchieri]
4. lei
   [mangia]
5. loro
   [arrivano]
6. noi
   [abbiamo]

I. Rispondi di sì! You will hear five questions, each read twice. Answer each one affirmatively with a complete sentence. Then repeat the correct answer after the speaker.

ESEMPIO: *You hear:* Entrano anche Teresa e Franco?
You say: Sì, entrano anche Teresa e Franco.

1. Il cognome di Marisa è Ghirardelli?
   [Sì, il cognome di Marisa è Ghirardelli.]
2. C'è un altro caffè?
   [Sì, c'è un altro caffè.]
3. Franco, stai bene?
   [Sì, sto bene.]
4. Sta bene Diana?
   [Sì, sta bene Diana.]
5. Cenano con noi Teresa e Francesca?
   [Sì, cenano con noi Teresa e Francesca.]

J. Rispondi di no! You will hear five questions, each read twice. Answer each one negatively with a complete sentence, offering the specified alternative. Then repeat the correct answer after the speaker.

ESEMPIO: *You hear:* Prendete una pizza? (panino)
You say: No, non prendiamo una pizza, prendiamo un panino.

1. Mangiate la pasta? (la pizza)
   [No, non mangiamo la pasta, mangiamo la pizza.]
2. Hai fame? (sete)
   [No, non ho fame, ho sete.]
3. Aspetti Marco? (Maria)
   [No, non aspetto Marco, aspetto Maria.]
4. Pranzano con il professore? (professoressa)
   [No, non pranzano con il professore, pranzano con la professoressa.]
5. Venite con il dottor Neri? (Bianchi)
   [No, non veniamo con il dottor Neri, veniamo con il dottor Bianchi.]

CAPITOLO

3 Sì, mi piace molto!

In laboratorio

Pronuncia: Le vocali **e, o**

A. Speakers in different parts of Italy will pronounce stressed **e** and **o** with the mouth relatively more open or closed. In many areas, however, both pronunciations are used.

vero the **e** is a closed vowel
bene the **e** is an open vowel

B. Repeat each of the following sentences after the speaker.

1. Hai fretta, non è vero?
2. Veramente, adesso non ho fretta.
3. Chi cerchi?
4. A chi telefoni?
5. La Grecia è molto bella.
6. Anche il Messico è bello.
7. Dov'è l'edicola?
8. Quanto è il biglietto?

Ascolto

C. Dal singolare al plurale. You will hear some noun phrases in their singular form. Repeat each phrase. Then give its plural form (with **due**). Listen for the correct answer.

ESEMPIO: *You hear:* un altro panino
You say: un altro panino/due altri panini

1. un altro biglietto
[un altro biglietto/due altri biglietti]
2. un'altra studentessa
[un'altra studentessa/due altre studentesse]
3. un altro dollaro
[un altro dollaro/due altri dollari]
4. un'altra lezione
[un'altra lezione/due altre lezioni]
5. un'altra agenzia
[un'altra agenzia/due altre agenzie]

D. Dal plurale al singolare. You will hear some noun phrases in their plural form. Repeat each phrase. Then give its singular form. Listen for the correct answer.

ESEMPIO: *You hear:* due altri amici
You say: due altri amici/un altro amico

1. due altre signore
   [due altre signore/un'altra signora]
2. due altri panini
   [due altri panini/un altro panino]
3. due altri dolci
   [due altri dolci/un altro dolce]
4. due altre professoresse
   [due altre professoresse/un'altra professoressa]
5. due altri ingegneri
   [due altri ingegneri/un altro ingegnere]

E. Occhio all'aggettivo! You will hear some sentences in the singular. Each will be read twice. Repeat each sentence. Then transform it into the plural. Listen for the correct answer.

ESEMPIO: *You hear:* Il ragazzo è italiano.
You say: Il ragazzo è italiano./I ragazzi sono italiani.

1. Il signore è interessante.
   [Il signore è interessante./I signori sono interessanti.]
2. La lezione è interessante.
   [La lezione è interessante./Le lezioni sono interessanti.]
3. Il professore è spagnolo.
   [Il professore è spagnolo./I professori sono spagnoli.]
4. La dottoressa è francese.
   [La dottoressa è francese./Le dottoresse sono francesi.]
5. L'avvocato è portoghese.
   [L'avvocato è portoghese./Gli avvocati sono portoghesi.]

F. Ti piace? You will hear some sentences in the singular. Each will be read twice. Repeat each sentence. Then transform it into the plural. Listen for the correct answer.

ESEMPIO: *You hear:* Mi piace la mela.
You say: Mi piace la mela./Mi piacciono le mele.

1. Mi piace la pizza.
   [Mi piace la pizza./Mi piacciono le pizze.]
2. Mi piace il dolce.
   [Mi piace il dolce./Mi piacciono i dolci.]
3. Mi piace il panino.
   [Mi piace il panino./Mi piacciono i panini.]
4. Mi piace il ragazzo.
   [Mi piacciono i ragazzi.]
5. Mi piace la ragazza.
   [Mi piace la ragazza./Mi piacciono le ragazze.]

G. Le coppie. You will hear the speaker say a pronoun. Match it with the appropriate verb form listed below. Then repeat the correct answer after the speaker.

ESEMPIO: *You hear:* io
You say: io mangio

1. io
   [io comincio]
2. voi
   [voi mangiate]

3. tu
   [tu studi *or* tu cerchi]
4. tu
   [tu cerchi *or* tu studi]
5. loro
   [loro ascoltano]
6. noi
   [noi paghiamo]

CAPITOLO

La lezione sta per cominciare!

In laboratorio

Pronuncia: Dittonghi e trittonghi

A. The letters **i** and **u** can stand for semiconsonant sounds as well as vowels.

- In a diphthong (a syllable with two vowels):

i = [y]:	**p*ia*ce**	**stud*ia*re**	**ital*ia*no**
u = [w]:	**g*ua*rdare**	**q*ua*nto**	**sc*uo*la**

- In a triphthong (a syllable with three vowels):
  m*iei*
  tuoi

But be careful! If two adjacent vowels belong to different syllables, no diphthong or triphthong is formed, and the vowels retain their normal pronunciation.

mio	**=**	**mi-o**
via	**=**	**vi-a**
biologia	**=**	**bi-o-lo-gi-a**

B. Repeat each of the following words, imitating the speaker. Then divide each word into syllables.

ESEMPIO: orologio
orologio/o-ro-lo-gio

1. chiedere
   [chie-de-re]
2. chiudere
   [chiu-de-re]
3. viaggiare
   [viag-gia-re]
4. fuori
   [fuo-ri]
5. scuola
   [scuo-la]
6. sociologia
   [so-cio-lo-gia]
7. quaderno
   [qua-der-no]
8. farmacia
   [far-ma-cia]

Ascolto

C. Dettato. You will hear five sentences. Each will be read three times. During the first reading, listen to the sentence. During the second reading, write what you hear. Then, during the third reading, check your work.

1. Vieni a scuola con me?
2. Alle sei abbiamo lezione di filosofia.
3. Non mi piacciono gli spaghetti.
4. Vuoi studiare biologia stasera?
5. Conoscete il professore di fisica?

D. Dal singolare al plurale. You will hear some nouns in their singular form. Repeat each noun. Then give its plural form. Listen for the correct answer.

ESEMPIO: *You hear:* la cassetta
You say: la cassetta/le cassette

1. la radio
   [la radio/le radio]
2. il film
   [il film/i film]
3. l'orologio
   [l'orologio/gli orologi]
4. l'amico
   [l'amico/gli amici]
5. il caffè
   [il caffè/i caffè]

E. Dal plurale al singolare. You will hear some nouns in their plural form. Repeat each noun. Then give its singular form. Listen for the correct answer.

ESEMPIO: *You hear:* gli amici
You say: gli amici/l'amico

1. le amiche
   [le amiche/l'amica]
2. le arance
   [le arance/l'arancia]
3. le bugie
   [le bugie/la bugia]
4. i bar
   [i bar/il bar]
5. gli edifici
   [gli edifici/l'edificio]

F. Rispondi! Answer each question you hear with a complete sentence.

1. Qual è il tuo numero di telefono?
2. Qual è il tuo indirizzo?
3. Abiti in centro o in periferia?
4. Come si chiama il tuo professore?
5. Come vai a scuola?

G. Rispondi di sì! You will hear five questions, each read twice. Answer each one affirmatively. Then repeat the correct answer after the speaker.

ESEMPIO: *You hear:* Ha lezione anche Paolo?
You say: Sì, ha lezione anche Paolo.

1. Hai lezione anche tu?
   [Sì, ho lezione anch'io.]
2. Viaggiate spesso?
   [Sì, viaggiamo spesso.]
3. Vivi anche tu in centro?
   [Sì, vivo anch'io in centro.]
4. Volete venire al cinema stasera?
   [Sì, vogliamo venire al cinema stasera.]
5. Vai a lezione con Marco e Pino?
   [Sì, vado a lezione con Marco e Pino.]

H. Carlo e Diana. Listen to Carlo and Diana discussing their plans for Saturday evening. Their conversation will be read twice. For each of the following questions, choose the appropriate response and read it aloud. Then repeat the correct answer after the speaker.

Carlo: Allora, cosa facciamo sabato sera?
Diana: Vuoi andare a vedere il film *Il postino*?
Carlo: Sì, andiamo.
Diana: Andiamo in macchina o in autobus?
Carlo: Andiamo in macchina.

1. When are Carlo and Diana going out?
   a. sabato sera b. venerdì sera c. domenica sera
   [a. sabato sera]
2. What movie are they going to see?
   a. *La dolce vita* b. *Il postino* c. *Thelma & Louise*
   [b. *Il postino*]
3. How are they going to the theater?
   a. in autobus b. con la moto c. in macchina
   [c. in macchina]

I. La settimana di Piero. Using Piero's diary as a guide, answer the questions on how he spends his week. Then repeat the correct response after the speaker.

1. Quando va a scuola Piero?
   [Piero va a scuola lunedì, mercoledì, giovedì e venerdì.]
2. Cosa fa martedì?
   [Martedì Piero studia tutto il giorno.]
3. Dove vanno Piero e Linda sabato?
   [Sabato Piero e Linda vanno in centro.]
4. Piero va a scuola domenica?
   [No, Piero non va a scuola domenica. Va in campagna.]

J. No! You will hear four questions, each read twice. Answer in the negative. Then repeat the correct answer after the speaker.

ESEMPIO: *You hear:* Andate a scuola in autobus?
You say: No, non andiamo a scuola in autobus.

1. Il tuo appartamento è grande?
   [No, il mio appartamento non è grande.]
2. La tua bici è nuova?
   [No, la mia bici non è nuova.]
3. La tua auto è americana?
   [No, la mia auto non è americana.]
4. Il tuo programma preferito è alla televisione?
   [No, il mio programma preferito non è alla televisione.]

CAPITOLO

La mia famiglia

In laboratorio

Pronuncia: Sillaba, accento e intonazione/Vocali toniche

A. A stressed vowel is held longer and emphasized more than an unstressed one if the vowel is in an open syllable (i.e., if it is the vowel that ends the syllable). In a closed syllable, a syllable that ends in a consonant, both the stressed and unstressed vowel are short.

	STRESSED	**UNSTRESSED**
Open Syllable	**ve-ro** (long)	**ve-ra-men-te** (short)
	co-sa (long)	**trat-to-ri-a** (short)
Closed Syllable	**di-vor-zio** (short)	**man-gia-re** (short)
	a-spet-ta (short)	**gen-ti-le** (short)

B. Repeat each of the following words, expressions, and sentences, imitating the speaker. Then write out each word as the speaker dictates it.

1. telefono
2. zio
3. telefonino
4. in aumento
5. Ma come?
6. Non importa!
7. Loro sono iscritti allo stesso corso.
8. È una donna molto intelligente.

Ascolto

C. Occhio all'aggettivo! You will hear some sentences in the singular. Each will be read twice. Repeat each sentence; then transform it into the plural. Listen for the correct answer.

ESEMPIO: *You hear:* È un bambino bello.
You say: È un bambino bello./Sono bambini belli.

1. È un uomo intelligente.
[È un uomo intelligente./Sono uomini intelligenti.]
2. È una donna elegante.
[È una donna elegante./Sono donne elenganti.]
3. È una bambina bella.
[È una bambina bella./Sono bambine belle.]
4. È un bambino simpatico.
[È un bambino simpatico./Sono bambini simpatici.]
5. È una ragazza simpatica.
[È una ragazza simpatica./Sono ragazze simpatiche.]

D. Completiamo! Complete each sentence, choosing from the words provided. Say the entire sentence; then repeat the correct answer after the speaker.

1. Il marito di mia sorella è mio [cognato].
2. Marisa e Claudia sono [grandi] amiche?
3. Scusi, ho sbagliato [numero].
4. La linea è [occupata].
5. Vengono [tra] due ore.
6. Io telefono [a] Laura tutte le sere.
7. Loro non [conoscono] nessuno qui.
8. Tutti [sanno] che lei è una brava professoressa.

E. Dettato. You will hear five sentences. Each will be read three times. During the first reading, listen to the sentence. During the second reading, write what you hear. Then, during the third reading, check your work.

1. Giorgio e Gloria chiacchierano un po' al bar.
2. Cameriere, un'aranciata, una Coca-Cola e un latte macchiato, per piacere.
3. I miei zii sono all'estero.
4. — Come ti chiami?
   — Mi chiamo Gino Gaspari.
5. Paghi tu o pago io?

F. Le coppie. You will hear the words listed in column A. Match each one with the appropriate word in column B, saying the complete sentence. Then repeat the correct answer after the speaker.

ESEMPIO: *You hear:* Ti presento i miei
You say: Ti presento i miei genitori.

Column A	**Column B**
1. Ti presento i miei	[genitori.]
2. Ecco la mia	[zia ricca.]
3. La linea è	[libera.]
4. I tuoi genitori sono	[molto simpatici.]
5. Ti presento mio	[fratello.]
6. Ecco mia	[madre.]
7. Tanti	[auguri!]
8. Adesso devo	[andare via.]

G. Pronto, chi parla? You are staying with the Papini family in Florence. Everyone has gone out except you. Mr. and Mrs. Papini are expecting some important calls and have asked you to take messages. Each caller will ask for Mr. or Mrs. Papini and leave a name and phone number. Each message will be read twice. As you listen, complete the message slips below. Note that phone numbers will be given in pairs.

1. Pronto?
   C'è il signor Papini?
   Sono l'avvocato Marco Rossi.
   Il mio numero di telefonoè:
   0 48 24 26
2. Pronto?
   La signora Papini, per favore.
   Sono il signor Paolo Tozzi.
   Il mio numero di telefonoè:
   0 85 15 43
3. Pronto?
   C'è la signora Papini?
   Sono Gianna Neri.
   Il mio numero di telefonoè:
   0 66 80 32
4. Pronto?
   Il signor Papini, per piacere.
   Sono la dottoressa Marini.
   Il mio numero di telefonoè:
   0 67 40 33

H. Mi chiamo... You will hear Enzo and Teresa talk about themselves. As you listen, indicate whether the statements below are true (**vero**) or false (**falso**). You will hear each description twice.

Mi chiamo Enzo. Abito a Roma. Sono avvocato. Mio padre è anche avvocato. Mia madre è professoressa. I miei genitori sono intelligenti e simpatici. Ho una sorella. Si chiama Paola. È una studentessa universitaria. Io sono alto. Mi piacciono molto i film di Woody Allen.

Mi chiamo Teresa. Sono nata a Roma. Adesso abito a Firenze con una amica. Ho diciannove anni. Sono una studentessa universitaria. Studio storia e filosofia all'università di Firenze. Parlo inglese e francese. Mi piace molto studiare. Desidero prima finire l'università, poi cercare un lavoro.

ENZO

1. Enzo abita a Milano.
   [falso]
2. Enzo è medico.
   [falso]
3. Suo padre è avvocato.
   [vero]
4. Sua madre è professoressa.
   [vero]
5. I suoi genitori non sono né simpatici né intelligenti.
   [falso]
6. Enzo ha una sorella.
   [vero]
7. Sua sorella fa la commessa.
   [falso]
8. Enzo è basso.
   [falso]
9. A Enzo non piacciono i film di Woody Allen.
   [falso]

TERESA

1. Teresa è nata a Roma.
   [vero]
2. Teresa abita a Roma.
   [falso]
3. Teresa abita a Roma con sua nonna.
   [falso]
4. Terasa ha diciannove anni.
   [vero]
5. Teresa è una studentessa universitaria.
   [vero]
6. Teresa studia matematica e biologia.
   [falso]
7. Teresa studia all'università di Roma.
   [falso]
8. Teresa parla inglese e francese.
   [vero]
9. A Teresa piace molto studiare.
   [vero]

CAPITOLO

Che ore sono?

In laboratorio

Pronuncia: Ancora sulle vocali

A. If a noun or adjective ends in two vowels belonging to separate syllables, the result is a lengthened vowel when the noun or adjective is pluralized.

Singolare	**Plurale**
zio	**zii**
idea *(idea)*	**idee**

B. Repeat each word, imitating the speaker. Then write out each word as the speaker dictates it. Finally, change each word to the plural form. **Attenzione!** Not all words end in a lengthened vowel in the plural.

1. l'idea
   [le idee]
2. la storia
   [le storie]
3. lo zio
   [gli zii]
4. la zia
   [le zie]
5. la farmacia
   [le farmacie]
6. la trattoria
   [le trattorie]
7. la linea
   [le linee]
8. la pizzeria
   [le pizzerie]
9. la bugia
   [le bugie]
10. la moglie
    [le mogli]

Ascolto

C. No, sono le tre e un quarto. Respond negatively to each question, adding 15 minutes to the time indicated. Then repeat the correct answer after the speaker.

ESEMPIO: *You hear:* Sono le tre?
You say: No, sono le tre e un quarto. *or* [No, sono le tre e quindici.]

1. Gianni viene alle due e un quarto?
   [No, viene alle due e mezza/mezzo/trenta]
2. Stasera esci alle nove e mezza?
   [No, esco alle dieci meno un quarto.]
   or [No, esco alle nove e quarantacinque/tre quarti.]
3. Prendi l'autobus alle sei?
   [No, prendo l'autobus alle sei e un quarto.]
   [No, prendo l'autobus alle sei e quindici.]
4. Mangiate sempre all'una meno un quarto?
   [No, mangiamo sempre all'una.]
5. Sono le tre e cinque?
   [No, sono le tre e venti.]

D. Le coppie. You will hear the speaker give the time. Repeat the time using an equivalent expression. Then repeat the correct answer after the speaker.

ESEMPIO: *You hear:* Sono le tredici.
You say: È l'una del pomeriggio.

1. Sono le sette e trenta.
   [Sono le sette e mezza.]
2. Sono le quattordici.
   Sono le due del pomeriggio.]
3. È l'una e cinquanta.
   [Sono le due meno dieci.]
4. Sono le sei e quindici.
   [Sono le sei e un quarto.]
5. Sono le dieci di sera.
   [Sono le ventidue.]

E. Rispondi di no! You will hear five questions, each read twice. Answer each one negatively. Then repeat the correct answer after the speaker.

ESEMPIO: *You hear:* Chi c'è oggi a casa?
You say: Non c'è nessuno oggi a casa.

1. Prendi qualcosa?
   [No, non prendo niente.]
2. Chi c'è oggi in classe?
   [Non c'è nessuno in classe.]
3. Bevi aranciata o Coca-Cola?
   [Non bevo né aranciata né Coca-Cola.]
4. Ti piace ancora questo disco?
   [No, non mi piace più questo disco.]
5. Pina mangia sempre a casa la sera?
   [No, Pina non mangia mai a casa la sera.]

F. No, ho già mangiato. You will hear five questions, each asked twice. Answer each question negatively, using **già**. Then repeat the response after the speaker.

ESEMPIO: *You hear:* Devi ancora mangiare?
You say: No, ho già mangiato.

1. Devi ancora lavare la macchina?
   [No, ho già lavato la macchina.]
2. Dovete ancora finire gli esercizi?
   [No, abbiamo già finito gli esercizi.]
3. Franco deve ancora rispondere alla domanda?
   [No, ha già risposto alla domanda.]
4. La segretaria deve ancora spedire la lettera?
   [No, ha già spedito la lettera.]
5. Devono ancora vendere la casa?
   [No, hanno già venduto la casa.]

G. Oggi e ieri. You will hear six sentences. Transform them from the present tense to the past tense. Then repeat the correct answer after the speaker.

ESEMPIO: *You hear:* Oggi non faccio colazione.
You say: Ieri non ho fatto colazione.

1. Oggi non faccio colazione.
   [Ieri non ho fatto colazione.]
2. Oggi non leggo il giornale.
   [Ieri non ho letto il giornale.]
3. Oggi non scrivo a Paolo.
   [Ieri non ho scritto a Paolo.]
4. Oggi non guardo la TV.
   [Ieri non ho guardato la TV.]
5. Oggi non bevo caffè.
   [Ieri non ho bevuto caffè.]
6. Oggi non rispondo al telefono.
   [Ieri non ho risposto al telefono.]

CAPITOLO

Che tempo fa?

In laboratorio

Pronuncia: L'accento tonico

A. Note the following patterns of where to put the main stress on Italian words.

- In two-syllable words, the accent falls on the first syllable.
  casa = ca-sa
  sole = so-le
  scarpa = scar-pa
- Unless, of course, the final vowel is accented.
  caffè = caf-fè
  città = cit-tà
  perché = per-ché
- In words with more than two syllables, the main stress usually falls on the next-to-last syllable.
  temperatura = tem-pe-ra-tu-ra
  temporale = tem-po-ra-le
  regalo = re-ga-lo
- There are, as you have seen, words that do not follow this pattern.
  pan-to-fo-la
  sem-pli-ce
  zuc-che-ro
- This is always true in the case of third-person plural forms in the present indicative.
  par-la-no
  leg-go-no
  dor-mo-no

B. Repeat each word imitating the speaker. Then write out each word as the speaker dictates it.

1. scontrino
2. vacanza
3. zucchero
4. normale
5. prendono
6. si chiamano
7. gioielleria
8. possibile
9. edicola
10. università
11. Messico
12. compito
13. suocero
14. uomini
15. difficile
16. musica

Ascolto

C. No, è venuto ieri. You will hear five questions, each asked twice. Answer each question using the past tense. Then repeat the answer after the speaker.

ESEMPIO: *You hear:* Viene oggi Carlo?
You say: No, è venuto ieri.

1. Vai in centro oggi?
   [No, sono andato in centro ieri.
   or No, sono andata in centro ieri.]
2. Arrivano oggi Maria e Teresa?
   [No, sono arrivate ieri.]
3. Telefona oggi Enzo?
   [No, ha telefonato ieri.]
4. Partono oggi i tuoi genitori?
   [No, sono partiti ieri.]
5. Viene oggi Anna?
   [No, è venuta ieri.]

D. Ti è piaciuto? You will hear five questions, each asked twice. Respond to each question by saying that you liked each of the items mentioned. Then repeat the answer after the speaker.

ESEMPIO: *You hear:* Ti è piaciuto l'anello di Carlo?
You say: Sì, mi è piaciuto molto!

1. Ti è piaciuta la collana di Pina?
   [Sì, mi è piaciuta molto!]
2. Ti sono piaciute le scarpe di Gianni?
   [Sì, mi sono piaciute molto!]
3. Ti sono piaciuti gli stivali di Claudio?
   [Sì, mi sono piaciuti molto!]
4. Ti sono piaciuti i guanti di Giorgio?
   [Sì, mi sono piaciuti molto!]
5. Ti è piaciuta la cravatta di Marcello?
   [Sì, mi è piaciuta molto!]

E. Che tempo fa? Listen to the following weather forecast. It will be read twice. Then, on the basis of what you have heard, indicate whether the following statements are true (**vero**) or false (**falso**).

Freddo anche oggi con temporali nel pomeriggio. Domani nuvoloso. Temperatura oggi quattro gradi.

1. Oggi fa caldo.
   [falso]
2. Nel pomeriggio piove.
   [vero]
3. Domani c'è il sole.
   [falso]
4. La temperatura oggi è di quattro gradi.
   [vero]

F. Qual è la temperatura di oggi? You will hear the speaker say today's low and high temperatures (in Celsius) in several major cities. In the space provided, write out in words the temperature of each city. Each will be read twice.

	Minima (*Low*)	**Massima (*High*)**
1. Amsterdam	otto	dodici
2. Buenos Aires	ventuno	ventiquattro
3. Chicago	due	quattro
4. Hong Kong	quattordici	venti
5. Istanbul	sei	undici
6. Los Angeles	tredici	diciassette
7. Madrid	quindici	diciotto
8. New York	sette	dieci
9. Roma	sedici	diciannove
10. Sidney	ventidue	ventotto
11. Tokio	tre	sette
12. Toronto	cinque	nove

G. Che tempo fa? You will hear Marco describe the weather in his part of the country during the different seasons. Write the number of each sentence next to the picture that best corresponds to Marco's description. One picture will not be used.

1. In estate fa bel tempo. C'è il sole e fa caldo.
   [Figure C]
2. In autunno non fa né caldo né freddo, ma è nuvoloso e tira vento.
   [Figure A]
3. In primavera piove sempre.
   [Figure E]
4. In inverno non nevica mai, ma fa freddo.
   [Figure B]

   [Figure D was not used.]

CAPITOLO

Buon Compleanno!

In laboratorio

Pronuncia: Consonanti singole

A. The consonants represented by **b**, **d**, **f**, **l**, **m**, **n**, **p**, **r**, **t**, and **v** are, with a few differences, similar to the corresponding English consonants. But note that, in general, they are pronounced with relatively more force in Italian.

Note also . . .

- that the so-called "dark" English *l* (as in *dull, will, bill*) does not exist in Italian.
- that /d/ and /t/ should always be formed by touching the tongue to the upper teeth (not the palate as in English *train, drama*).
- that the Italian /r/ is rolled.

B. Repeat each word, imitating the speaker. Then write out each word as the speaker dictates it.

1. vento
2. temperatura
3. regali
4. pantofole
5. negozi
6. mese
7. festa
8. medico
9. mestiere
10. persone
11. pezzi
12. torta

Ascolto

C. Dettato. You will hear a short paragraph. It will be read three times. During the first reading, listen to the whole story. During the second reading, write what you hear. Then, during the third reading, check your work.

La famiglia Barzetti sta festeggiando il compleanno della nonna, Renata. Seduti assieme alla nonna ci sono la figlia Maria, che fa il medico, il genero Massimo, che è professore universitario e i nipoti Sandra e Stefano, ambedue studenti universitari.

D. Paolo, ti sei alzato? Listen carefully to the following conversation between Paolo and his mother. You will hear the conversation twice. As you listen, answer the questions below by checking the appropriate box.

MAMMA: Paolo, ti sei alzato? [Sì]
PAOLO: Sì, mamma.
MAMMA: E ti sei lavato? [Sì]
PAOLO: Sì, mamma.
MAMMA: Ti sei vestito? [Sì]
PAOLO: Sì, mi sono già vestito.
MAMMA: E hai fatto colazione? [No]
PAOLO: Non ancora, mamma.

E. Costruiamo delle frasi. Form a complete sentence using each group of words below. Then repeat the correct answer after the speaker.

ESEMPIO: *You see:* Gianni / alzarsi / sempre / sei
You say: Gianni si alza sempre alle sei.

1. Mario / dormire / troppo
   [Mario dorme troppo.]
2. Io / divertisi / quando / andare / in / Italia
   [Io mi diverto quando vado in Italia.]
3. Maria / Claudia / non / parlarsi / più
   [Maria e Claudia non si parlano più.]
4. Sandra / dare / pezzo / torta / al / sus / fidanzato
   [Sandra dà un pezzo di torta al suo fidanzato.]
5. miei / genitori / stare / dormendo
   [I miei genitori stanno dormendo.]
6. Domani / noi / parhre / per / Italia
   [Domani noi partiamo per l'Italia.]
7. estate / fare / bel / tempo
   [In estate fa bel tempo.]
8. Tu / preferure / Coca-Cola / o / aranuata
   [Tu preferisci una Coca-Cola o un'aranciata?]

F. Che cosa sta facendo Pierino? You will hear five sentences. Each will be read twice. Write the number of each sentence in the box above the picture to which it best corresponds. One of the pictures will not be used.

1. Pierino sta guardando la televisione.
   [B]
2. Pierino sta leggendo un libro.
   [E]
3. Pierino sta dormendo.
   [A]
4. Pierino sta mangiando.
   [D]
5. Pierino sta ascoltando la radio.
   [C]

CAPITOLO

Quanto costa?

In laboratorio

Pronuncia: Le consonanti rappresentate da **c**, **ch**, **ci**, **e**, **q**

A. As you have learned by now, the hard /k/ sound in Italian is represented by the following letters:

- **c** before the vowels a, o, u, and any consonant
  cappello, camicetta, canzone
  colore, copia, come
  cucina, cuore
  cravatta, crema, classe
- **ch** before the vowels e, i
  che, chi, chimica
- **q** in front of **u** in words such as
  quanto, questo, quale

The corresponding soft sound is represented by the following letters:

- **c** before the vowels **e**, **i**
  celeste, cena, centro
  cintura, città, cinema
- **ci** before the vowels **a**, **o**, **u**:
  ciao, bacio

B. Repeat each of the following words, imitating the speaker. Then write each word as the speaker dictates it.

1. dicembre
2. ciao
3. aranciata
4. cameriere
5. semplice
6. chiamarsi
7. cravatta
8. cena
9. certo
10. amico
11. amici
12. amiche
13. tedeschi
14. comincio
15. camicia

Ascolto

C. Quanto costa? You will hear the speaker ask five questions, each read twice. Answer as in the example, using the cues provided below. Then repeat the answer after the speaker.

ESEMPIO: *You hear:* Quanto costa questa sciarpa?
You see: sciarpa = 24
You say: Questa sciarpa costa ventiquattro euro.

1. Quanto costa questa camicetta?
   [Questa camicetta costa settantacinque euro.]

2. Quanto costa questo cappello?
   [Questo cappello costa sessantré euro.]
3. Quanto costano queste scarpe?
   [Queste scarpe costano centosettantanove euro.]
4. Quanto costano questi guanti?
   [Questi guanti costano cinquantotto euro.]
5. Quanto costa questo vestito?
   [Questo vestito costa trecentodieci euro.]

D. Ti sta bene! You will hear six questions, each asked twice. Answer each question affirmatively, using **mi/ti/gli/le/Le/ci/vi/gli,** as in the example. Then repeat the answer after the speaker.

ESEMPIO: *You hear:* Questa giacca mi sta bene?
You say: Sì, ti sta bene.

1. Queste scarpe mi stanno bene?
   [Sì, ti stanno bene.]
2. Questo cappotto marrone sta bene a Marisa?
   [Sì, le sta bene.]
3. Questa cravatta sta bene a Paolo?
   [Sì, gli sta bene.]
4. Questi vestiti ci stanno bene?
   [Sì, vi stanno bene.]
5. Questi pantaloni stanno bene a Tommaso e Alessandro?
   [Sì, gli stanno bene.]
6. Signorina, questa camicia mi sta bene?
   [Sì, Le sta bene.]

E. Sì, è il suo colore preferito. You will hear five questions, each read twice. Answer each question, following the example. Then repeat the answer after the speaker.

ESEMPIO: *You hear:* Questo è il colore preferito di Gabriella?
You say: Sì, è il suo colore preferito.

1. Italo Calvino è lo scrittore preferito del professore?
   [Sì, è il suo scrittore preferito.]
2. Signorina, questo è il Suo impermeabile preferito?
   [Sì, è il mio impermeabile preferito.]
3. Questi sono i colori preferiti di Paola?
   [Sì, sono i suoi colori preferiti.]
4. Questa è l'automobile preferita di Carlo?
   [Sì, è la sua automobile preferita.]
5. Natalia Ginzburg è la scrittrice preferita di tua madre?
   [Sì, è la sua scrittrice preferita.]

F. Sì, è bellissimo. You will hear four questions, each asked twice. Answer affirmatively, using the suffix **-issimo**. Then repeat the answer after the speaker.

ESEMPIO: *You hear:* È bello questo vestito?
You say: Sì, è bellissimo.

1. È bella questa giacca?
   [Sì, è bellissima.]
2. Sono lunghi questi pantaloni?
   [Sì, sono lunghissimi.]

3. Sta male Claudia?
   [Sì, sta malissimo.]
4. È simpatico quel ragazzo?
   [Sì, è simpaticissimo.]

G. Ti è piaciuto? Each question will be asked twice. Respond by saying that you liked each of the items mentioned. Then repeat the answer after the speaker.

ESEMPIO: *You hear:* Ti è piaciuto il cappotto di Carlo?
You say: Sì, mi è piaciuto il cappotto di Carlo.

1. Ti è piaciuto il vestito di Pina?
   [Sì, mi è piaciuto il vestito di Pina.]
2. Ti è piaciuta la camicia di Gianni?
   [Sì, mi è piaciuta la camicia di Gianni.]
3. Ti sono piaciuti gli stivali di Claudio?
   [Sì, mi sono piaciuti gli stivali di Claudio.]
4. Ti sono piaciute le scarpe di Giorgio?
   [Sì, mi sono piaciute le scarpe di Giorgio.]
5. Ti è piaciuta la cravatta di Marcello?
   [Sì, mi è piaciuta la cravatta di Marcello.]

H. Dal presente all'imperfetto. You will hear five sentences with a verb in the present tense. Repeat each sentence using the imperfect. Then repeat the answer after the speaker.

ESEMPIO: *You hear:* Tutti i giorni telefono a mia madre.
You say: Tutti i giorni telefonavo a mia madre.

1. Dopo scuola studio l'italiano.
   [Dopo scuola studiavo l'italiano.]
2. Il sabato mattina mio fratello guarda la televisione.
   [Il sabato mattina mio fratello guardava la televisione.]
3. Ogni giorno leggiamo il giornale.
   [Ogni giorno leggevamo il giornale.]
4. Tutti i giorni loro giocano a tennis.
   [Tutti i giorni loro giocavano a tennis.]
5. Ogni mattina lui dorme fino a tardi.
   [Ogni mattina lui dormiva fino a tardi.]

I. Imperfetto o passato prossimo? Provide the missing verb in each sentence, choosing from the list below. Say the entire sentence aloud. Then repeat the answer after the speaker.

1. Ieri, mentre io [guardavo] la televisione, tu dormivi.
2. Due anni fa, io e mio fratello [siamo andati] a Roma.
3. Io [dovevo] uscire, ma non sono uscito.
4. Da bambino, Marco [leggeva] sempre fumetti.
5. Mentre io mangiavo, [è arrivata] Laura.

J. La parola fuori posto. Listen to each list of words and say the word that does not belong in each category. Then repeat the answer after the speaker.

1. cravatta / scarpa / sciarpa / marrone
   [marrone]
2. bianco / stivale / rosa / verde
   [stivale]

3. bellissima / felicissima / molto / simpaticissima
   [molto]
4. cintura / fotoromanzo / fumetti / romanzo
   [cintura]
5. parlavo / ho finito / leggevo / finivo
   [ho finito]
6. Petrarca / Pirandello / Pavarotti / Moravia
   [Pavarotti]

K. Completiamo! Complete each sentence, choosing from the words provided. Say the entire sentence aloud. Then repeat the correct answer after the speaker.

1. Due settimane fa, ho comprato un bellissimo [paio] di scarpe.
2. Questi pantaloni [sono costati] molto.
3. Da bambino, [guardavo] la TV tutte le sere.
4. Questi cappotti [viola] non mi piacciono.
5. Tu sei un [grande] amico!
6. Da bambino, la mattina [mi alzavo] sempre presto.

CAPITOLO

L'alimentazione

In laboratorio

Pronuncia: I suoni rappresentati da **g**, **gh**, **gi**

A. The hard /g/ sound in Italian is represented by the following letters:

- **g** before the vowels **a**, **o**, or **u** and before any consonant
  gatto, gonna, guanto, grande
- **gh** before the vowels **e** or **i**
  Spaghetti, lunghi

B. The corresponding soft sound is represented by the following letters:

- **g** before the vowels **e** or **i**
  generoso, giro
- **gi** before the vowels **a**, **o**, or **u**
  giacca, giocare, giugno

C. Repeat each of the following sentences, imitating the speaker. Then write out each sentence as the speaker dictates it.

1. Vorrei una granita di caffè.
2. Ho comprato due gonne lunghe.
3. Ho mangiato il gelato al cioccolato.
4. Che giorno è?
5. Lui è generoso.
6. Hai letto il giornale?
7. Non mi piacciono i romanzi gialli.
8. Lui porta sempre una giacca grigia.
9. E lei porta sempre i guanti grigi.

Ascolto

D. Sì, un po' di formaggio, per piacere! You will hear five questions, each asked twice. Respond to each question, as in the example. Then repeat the answer after the speaker.

ESEMPIO: *You hear:* Formaggio?
You say: Sì, un po' di formaggio, per piacere.

1. Fruttta?
   [Sì, un po' di frutta, per piacere.]
2. Pane?
   [Sì, un po' di pane, per piacere.]
3. Zucchero?
   [Sì, un po' di zucchero, per piacere.]

4. Caffè?
   [Sì, un po' di caffè, per piacere.]
5. Verdura?
   [Sì, un po' di verdura, per piacere.]

E. No, vorrei quelle mele. You are at a grocery store and the clerk asks if you would like to buy various food items. Each question will be asked twice. Answer negatively. Then repeat the correct answer after the speaker.

ESEMPIO: *You hear:* Vuole queste mele?
You say: No, vorrei quelle mele.

1. Vuole questo limone?
   [No, vorrei quel limone.]
2. Vuole questa carne?
   [No, vorrei quella carne.]
3. Vuole questi fagiolini?
   [No, vorrei quei fagiolini.]
4. Vuole quest'arancia?
   [No, vorrei quell'arancia.]
5. Vuole queste patate?
   [No, vorrei quelle patate.]
6. Vuole questi spinaci?
   [No, vorrei quegli spinaci.]

F. Quale preferisci? Answer each question using the appropriate form of the pronoun **quello**. Each question will be asked twice. Then repeat the response after the speaker.

ESEMPIO: *You hear:* Quale mela preferisci?
You say: Preferisco quella.

1. Quale pane preferisci?
   [Preferisco quello.]
2. Quale arancia preferisci?
   [Preferisco quella.]
3. Quali banane preferisci?
   [Preferisco quelle.]
4. Quali broccoli preferisci?
   [Preferisco quelli.]
5. Quale pesce preferisci?
   [Preferisco quello.]

G. Vorrei delle mele, per piacere. Ask for the fruit or vegetable named, as in the example. Then repeat the correct answer after the speaker.

ESEMPIO: *You hear:* mele
You say: Vorrei delle mele, per piacere.

1. pesche
   [Vorrei delle pesche, per piacere.]
2. uva
   [Vorrei dell'uva, per piacere.]
3. limoni
   [Vorrei dei limoni, per piacere.]

4. spinaci
   [Vorrei degli spinaci, per piacere.]
5. fagiolini
   [Vorrei dei fagiolini, per piacere.]

H. È tuo zio? You will hear five questions. Each will be asked twice. Answer negatively, as in the example. Then repeat the correct answer after the speaker.

ESEMPIO: *You hear:* È tuo zio?
You say: No, non è mio zio.

1. È il fidanzato di Paola?
   [No, non è il suo fidanzato.]
2. È vostro nonno?
   [No, non è nostro nonno.]
3. Sono i tuoi genitori?
   [No, non sono i miei genitori.]
4. È l'amico di Carlo e Roberta?
   [No, non è il loro amico.]
5. È la tua ragazza?
   [No, non è la mia ragazza.]

I. I pronomi possessivi. You will hear five questions. Each will be asked twice. Answer affirmatively, as in the example. Then repeat the correct answer after the speaker.

ESEMPIO: *You hear:* Di chi è l'orologio? È tuo?
You say: Sì, è il mio.

1. Di chi è la bicicletta? È tua?
   [Sì, è la mia.]
2. Di chi sono i dischi? Sono tuoi?
   [Sì, sono i miei.]
3. Di chi è il caffè? È di Riccardo?
   [Sì, è il suo.]
4. Di chi sono le bibite? Sono di Paolo?
   [Sì, sono le sue.]
5. Di chi sono le penne? Sono tue?
   [Sì, sono le mie.]

J. Che cosa stavi facendo? You will hear five questions. Each will be asked twice. Answer affirmatively, using the imperfect progressive (**stare** + gerund), as in the example. Then repeat the correct answer after the speaker.

ESEMPIO: *You hear:* Cosa stavi facendo, mangiavi?
You say: Sì, stavo mangiando.

1. Cosa stavi facendo, dormivi?
   [Sì, stavo dormendo.]
2. Cosa stava facendo Marcello, mangiava?
   [Sì, stava mangiando.]
3. Cosa stavano facendo i bambini, giocavano?
   [Sì, stavano giocando.]
4. Cosa stavate facendo, guardavate la TV?
   [Sì, stavamo guardando la TV.]
5. Cosa stavi facendo, scrivevi?
   [Sì, stavo scrivendo.]

K. Avevo già mangiato! You will hear five questions. Each will be asked twice. Answer negatively, using the **trapassato prossimo**, as in the example. Then repeat the correct answer after the speaker.

ESEMPIO: *You hear:* Quando ti ho chiamato, tu dovevi ancora mangiare?
You say: No, avevo già mangiato.

1. Quando Marco è arrivato, tu dovevi ancora cenare?
[No, avevo già cenato.]
2. Quando tuo padre è venuto, tu dovevi ancora vedere il film?
[No, avevo già visto/veduto il film.]
3. Quando Gianna è arrivata, tu dovevi ancora partire?
[No, ero già partito/partita.]
4. Quando ho chiamato Paolo, tu dovevi ancora arrivare?
[No, ero già arrivato/arrivata.]

L. Al negozio di alimentari. Mrs. Biagi is in the grocery store buying some fruits and vegetables. Listen to her conversation with the store clerk and write down what she orders. You will hear the conversation twice.

COMMESSA: Buongiorno, signora. Che cosa desidera?
SIGNORA BIAGI: Un po' di frutta, per favore.
COMMESSA: Arance... mele... pere... uva...?
SIGNORA BIAGI: Sono buone le arance?
COMMESSA: Sì, sono buonissime
SIGNORA BIAGI: Allora, delle arance, delle pesche, delle mele e un po' d'uva.
COMMESSA: Altro?
SIGNORA BIAGI: Vorrei dei fagioli, dei pomodori, degli spinaci e delle patate.
COMMESSA: Altro?
SIGNORA BIAGI: No, grazie. Va bene cosi.

Answers:
FRUTTA—arance, pesche, mele, uva
VERDURA—fagioli, pomodori, spinaci, patate

M. Facciamo delle spese! You will hear four short dialogues taking place at various establishments. Identify where they take place by writing the number of the dialogue next to the corresponding location. Each dialogue will be heard twice.

Dialogo numero 1 [Allo snack bar]

CARLA: Ho ancora fame. Cameriere, un panino al prosciutto, per favore.
GIANNA: Per me un altro tramezzino al formaggio, grazie.
CAMERIERE: Altro?
CARLA: Si, due aranciate.

Dialogo numero 2 [Nel negozio di abbigliamento]

COMMESSA: Buongiorno, desidera?
CLIENTE: Vorrei vedere quel vestito rosso.
COMMESSA: Che taglia porta, signora?
CLIENTE: La 38.

Dialogo numero 3 [In libreria]

GIANNI: Cerco un libro di fantascienza.
COMMESSA: Mi dispiace, ma sono tutti esauriti.
GIANNI: Beh, allora, compro questo giallo. Mi sono sempre piaciuti i libri di spionaggio.

Dialogo numero 4 [Nel negozio di alimentari]

Commesso: Desidera, signora?
Signora: Vorrei un po' di frutta.
Commesso: Abbiamo delle mele molto buone. Anche l'uva è buonissima...
Signora: Prendo le mele. Non queste, ma quelle!

N. Oggi e ieri. You will hear the speaker read a passage three times. During the first reading, listen to the whole passage. During the second reading, write what you hear. Then, during the third reading, check your work.

Oggi è una bella giornata.
Fa caldo e c'è il sole.
Vado in campagna con Gianni.

Now read the passage, changing **oggi** to **ieri**, and making the necessary verb changes. Then repeat it after the speaker, line for line.

[Ieri era una bella giornata.]
[Faceva caldo e c'era il sole.]
[Sono andato in campagna con Gianni.]

CAPITOLO 11 La televisione

In laboratorio

Pronuncia: I suoni rappresentati da **gl, gli, gn**

A. As you have certainly discovered by now, the sequence of letters **gli** stands for a sound that is similar to the sound represented by *lli* in the English word *million*:

figlia, luglio, taglia

However, the sequence **gl** can also stand for /**g**/ + /**l**/ in some words:

globo (*globe*), **gloria** (*glory*)

You will also have discovered that the sequence **gn** stands for a sound that is similar to the **ny** sound in the English word *canyon*:

giugno, signora

B. Repeat each of the following sentences, imitating the speaker. Then write each sentence as the speaker dictates it.

1. Ecco gli gnocchi.
2. Voglio le lasagne.
3. Sono nata a luglio.
4. A me non piacciono le tagliatelle.
5. Domani arriveranno gli amici dalla Spagna.
6. La figlia e il figlio di mio zio sono ingegneri.

Ascolto

C. Dettato. You will hear several sentences. Each will be read three times. During the first reading, listen to the whole passage. During the second reading, write what you hear. Then, during the third reading, check your work.

1. Cominceranno i lavori entro pochi giorni.
2. Pagherete il conto in contanti o con la carta di credito?
3. Mangerete con noi?
   No, grazie, non vogliamo disturbare. Cercheremo un ristorante qui vicino.
4. A Elena non piacciono i film violenti. Quel film non le piacerà di sicuro.

D. Occhio ai pronomi! You will hear five questions, each asked twice. Answer affirmatively, using the direct-object pronoun. Then repeat the answer after the speaker.

ESEMPIO: *You hear:* Prendi questo libro?
You say: Sì, lo prendo.

1. Guardate sempre la televisione?
   [Sì, la guardiamo sempre.]
2. Maria ti chiama sempre?
   [Sì, Maria mi chiama sempre.]

3. Conosci Antonio?
   [Sì, lo conosco.]
4. Conoscete quei ragazzi?
   [Sì, li conosciamo.]
5. Ci chiami stasera?
   [Sì, vi chiamo stasera.]

E. Sì, l'ho comprato. You will hear five questions, each asked twice. Answer affirmatively, using the direct-object pronoun. Then repeat the answer after the speaker.

ESEMPIO: *You hear:* Hai comprato il libro di Eco?
You say: Sì, l'ho comprato.

1. Hai comprato il giornale?
   [Sì, l'ho comprato.]
2. Hai letto quelle poesie?
   [Si, le ho lette.]
3. Marcello ti ha chiamato ieri?
   [Sì, mi ha chiamato ieri.]
4. Avete visto i miei genitori?
   [Sì, li abbiamo visti.]
5. Hai visto Roberta?
   [Sì, l'ho vista.]

F. I contrari. You will hear the speaker say a word. Match that word with its opposite, choosing from the list below.

ESEMPIO: *You hear:* felice
You say: infelice

1. felice
   [infelice]
2. brutto
   [bello]
3. buono
   [cattivo]
4. interessante
   [noisoso]
5. simpatico
   [antipatico]
6. iniziare
   [terminare]

G. Occhio al futuro! You will hear five questions, each asked twice. Answer negatively, as in the example. Then repeat the answer after the speaker.

ESEMPIO: *You hear:* Gianni parte oggi?
You say: No, partirà domani.

1. Anna arriva oggi?
   [No, arriverà domani.]
2. I tuoi genitori partono oggi?
   [No, partiranno domani.]
3. Scrivi oggi la lettera?
   [No, scriverò la lettera domani.]
4. Cominciate oggi a lavorare?
   [No, cominceremo domani a lavorare.]
5. Studi oggi?
   [No, studierò domani.]

H. Si dice «programma»! Say the Italian equivalent of each English word given, as in the example.

ESEMPIO: *You hear:* program
You say: il programma

1. telegram
   [il telegramma]
2. diagram
   [il diagramma]
3. drama
   [il dramma]
4. tv drama
   [il teledramma]
5. anagram
   [l'anagramma]

I. Ci vuole... ci vogliono... ! You will hear five questions. Answer each question affirmatively, using the time frame suggested and the appropritate form of the expression **volerci**.

ESEMPIO: *You hear:* Quanto tempo ci vuole per andare da New York a Londra? Sei ore?
You say: Sì, ci vogliono sei ore per andare da New York a Londra.

1. Quanto tempo ci vuole per andare da New York a Londra? Sei ore?
   [Sì, ci vogliono sei ore per andare da New York a Londra.]
2. Quanto tempo ci vuole per cucinare le patate fritte? Dieci minuti?
   [Sì, ci vogliono dieci minuti per cucinare le patate fritte.]
3. Quanto tempo ci vuole per imparare a suonare come Mozart? Una vita?
   [Sì, ci vuole una vita per imparare a suonare come Mozart.]
4. Quanto tempo ci vuole per lavarsi e vestirsi? Mezz'ora?
   [Sì, ci vuole mezz'ora per lavarsi e vestirsi.]
5. Quanto tempo ci vuole per completare il corso elementare? Un anno?
   [Sì, ci vuole un anno per completare il corso elementare.]

J. Ne voglio due! You will hear five questions. Answer each question affirmatively using the pronoun **ne**, as in the example. Then repeat the answer after the speaker.

ESEMPIO: *You hear:* Vuoi due pizze?
You say: Sì, ne voglio due.

1. Vuoi otto panini?
   [Sì, ne voglio otto.]
2. Bevi molto caffè?
   [Sì, ne bevo molto.]
3. Mangi molta pasta?
   [Sì, ne mangio molta.]
4. Scrivi molte lettere?
   [Sì, ne scrivo molte.]
5. Leggi molti gialli?
   [Sì, ne leggo molti.]

K. Sì, ne ho comprati due. You will hear five questions, each asked twice. Answer affirmatively using the pronoun **ne**, as in the example. Then repeat the answer after the speaker.

ESEMPIO: *You hear:* Hai comprato due libri?
You say: Sì, ne ho comprati due.

1. Hai comprato tre cravatte?
   [Sì, ne ho comprate tre.]
2. Hai ordinato due pizze?
   [Sì, ne ho ordinate due.]
3. Hai bevuto solo un caffè?
   [Sì, ne ho bevuto solo uno.]
4. Hai mangiato due panini?
   [Sì, ne ho mangiati due.]
5. Hai visto tre film?
   [Sì, ne ho visti tre.]

L. Non ho nessun amico italiano! You will hear five questions. Answer each question negatively, using the appropriate form of **nessuno**. Then repeat the answer after the speaker.

ESEMPIO: *You hear:* Hai delle riviste italiane?
You say: No, non ho nessuna rivista italiana.

1. Hai amici italiani?
   [No, non ho nessun amico italiano.]
2. Hai dei giornali francesi?
   [No, non ho nessun giornale francese.]
3. Conosci qualche ragazza italiana?
   [No, non conosco nessuna ragazza italiana.]
4. Hai degli zii in Italia?
   [No, non ho nessuno zio in Italia.]
5. Hai visto qualche programma interessante in televisione?
   [No, non ho visto/veduto nessun programma interessante in televisione.]

M. Completiamo! Complete each sentence, choosing from the words listed below. Say the entire sentence aloud. Then repeat the answer after the speaker.

1. Il mio orologio non [funziona].
2. L'anno [prossimo] andrò in Italia.
3. Conosci [qualche] ragazzo italiano?
4. Ho comprato [alcuni] giornali.
5. Buon [divertimento], ragazzi!

N. Signore e signori, buonasera. You will hear a voice announcing the television programs for the evening. The announcement will be read twice. Listen carefully and take notes in the space provided.

Signore e signori, buonasera. Questa sera su Raiuno avremo alle 19,00 il telefilm «Love Boat», alle 20,00 il telegiornale, alle 20,30 il telequiz «OK il prezzo è giusto». Alle 21,30 andrà in onda la partita di pallacanestro Italia–Stati Uniti. Buon divertimento!

Now answer each question with a complete sentence. Then repeat the answer after the speaker.

1. Cosa c'è su Raiuno alle 19,00?
   [Su Raiuno alle 19,00, c'è il telefilm «Love Boat».]
2. Cosa c'è su Raiuno alle 20,00?
   [Su Raiuno alle 20,00, c'è il telegiornale.]
3. A che ora è il telequiz «OK il prezzo è giusto»?
   [Il telequiz «OK il prezzo è giusto» è alle 20,30.]
4. A che ora andra in onda la partita di pallacanestro?
   [La partita di pallacanestro andra in onda alle 21,30.]

O. Il telegiornale. Listen carefully to a television newscaster summarizing the important events of the day. Then, during the second reading, indicate whether each statement below is **vero** or **falso**.

Termina così il telegiornale. Ecco i titoli principali. Arriva domani in Italia il presidente americano George Bush. Viaggio del Presidente della Repubblica in Canada. L'euro diminuisce rispetto al dollaro americano. Neve e vento nelle regioni meridionali. Fra poco lo sport. Grazie per l'attenzione. Buonasera.

1. Il telegiornale sta per cominciare.
   [falso]
2. L'annunciatrice ripete i titoli principali.
   [vero]
3. Il presidente americano George Bush va in Italia.
   [vero]
4. Il Presidente della Repubblica va negli Stati Uniti.
   [falso]
5. L'euro diminuisce rispetto al dollaro americano.
   [vero]
6. Nelle regioni meridionali fa bel tempo.
   [falso]
7. Dopo il telegiornale ci sarà lo sport.
   [vero]

CAPITOLO

L'oroscopo

In laboratorio

Pronuncia: La cononante **s**

A. The letter **s** stands for two sounds in Italian:

- The **s** sound, as in the English word *sip*, is known as a voiceless consonant, and comes before any voiceless consonant—**c**, **f**, **p**, **t**—and any vowel.
  scultura, spiritoso, stanco
  sette, simile, succo
- The **z** sound, as in the English word *zip*, is known as a voiced consonant, and comes before any voiced consonant—**b**, **d**, **g**, **l**, **m**, **n**, **r**, **v**.
  sbaglio, sbadato, smog

Note, moreover, that the voiced **z** sound is used between vowels in most of Italy:

casa, spesa, rosa

B. Repeat each of the following sentences, imitating the speaker. Then write each sentence as the speaker dictates it.

1. Io sbaglio sempre.
2. Sonia non è a casa.
3. Sono molto stanca.
4. Comprerò un paio di scarpe rosa domani.
5. Senti, tu sai come si chiama quella studentessa?
6. La cosa è molto semplice da risolvere.

Ascolto

C. Sì, vado dal dottor Rossi. You will hear five questions, each asked twice. Answer the following questions affirmatively, using **da**. Then repeat the answer after the speaker.

ESEMPIO: *You hear:* Vai a casa del dottor Rossi?
You say: Sì, vado dal dottor Rossi.

1. Vai a casa di tuo nonno?
   [Sì, vado da mio nonno.]
2. Vai a casa di Marco?
   [Sì, vado da Marco.]
3. Vai a casa del signor Rossi?
   [Sì, vado dal signor Rossi.]
4. Vai a casa della tua amica?
   [Sì, vado dalla mia amica.]
5. Vai a casa dei tuoi zii?
   [Sì, vado dai miei zii.]

D. Occhio al futuro! You will hear six questions, each asked twice. Answer each question as in the example. Then repeat the answer after the speaker.

ESEMPIO: *You hear:* Vai all'università oggi?
You say: No, andrò all'università lunedì.

1. Esci oggi?
   [No, uscirò lunedì.]
2. Viene oggi Teresa?
   [No, verrà lunedì.]
3. Andate al cinema oggi?
   [No, andremo al cinema lunedì.]
4. Puoi venire oggi?
   [No, potrò venire lunedì.]
5. Fanno il lavoro oggi?
   [No, faranno il lavoro lunedì.]
6. Vedete il telefilm oggi?
   [No, vedremo il telefilm lunedì.]

E. Sì, le telefono ogni giorno. You will hear five questions, each asked twice. Answer the following questions affirmatively, replacing the direct object pronoun with the indirect object pronoun **gli** or **le**. Then repeat the answer after the speaker.

ESEMPIO: *You hear:* Tu telefoni ogni giorno a Carla?
You say: Sì, le telefono ogni giorno.

1. Tu telefoni ogni giorno a Gianni?
   [Sì, gli telefono ogni giorno.]
2. Tu scrivi spesso a Maria?
   [Sì, le scrivo spesso.]
3. Tu hai detto tutto ai tuoi genitori?
   [Sì, gli ho detto tutto.]
4. Tu dici sempre la verità a tua madre?
   [Sì, le dico sempre la verità.]
5. Tu parli spesso al tuo professore?
   [Sì, gli parlo spesso.]

F. Occhio al pronome! You will hear five questions, each asked twice. Answer the following questions affirmatively, using the appropriate indirect object pronoun, as in the example. Then repeat the answer after the speaker.

ESEMPIO: *You hear:* Ti telefona ogni giorno Gianna?
You say: Sì, mi telefona ogni giorno.

1. Ti scrive spesso Maria?
   [Sì, mi scrive spesso.]
2. Vi telefona ogni giorno Carlo?
   [Sì, ci telefona ogni giorno.]
3. Ti dice sempre la verità tuo figlio?
   [Sì, mi dice sempre la verità.]
4. Vi piace guardare la televisione?
   [Sì, ci piace guardare la televisione.]
5. Ti piace quel film?
   [Sì, mi piace.]

G. Occhio al femminile! You will hear four nouns. Repeat each noun after the speaker. Then change each noun and its article into the feminine. Finally, repeat the response after the speaker.

ESEMPIO: *You hear:* lo zio
You say: lo zio/la zia

1. l'attore
   [l'attrice]
2. il musicista
   [la musicista]
3. lo psicanalista
   [la psicanalista]
4. il professore
   [la professoressa]

H. Dal singolare al plurale. You will hear five nouns in the singular. Repeat each noun after the speaker. Then put each noun and its article into the plural. Listen for the correct answer.

ESEMPIO: *You hear:* il pianista
You say: il pianista/i pianisti

1. lo psicanalista
   [gli psicanalisti]
2. il barista
   [i baristi]
3. l'attrice
   [le attrici]
4. la pianista
   [le pianiste]
5. il dentista
   [i dentisti]

I. Chi è? Anna doesn't know the names of two people who have just walked into the classroom. She asks Roberto who they are, so he describes them and tells her their names. Listen to their conversation and then label the pictures with the correct names of the two people.

ANNA: Chi sono quei ragazzi? Non li conosco.
ROBERTO: Il ragazzo alto e magro, con la giacca, si chiama Marco. L'altro ragazzo con la maglietta è Gianni.

Answer: Marco is the taller guy; Gianni is the shorter guy.

J. L'oroscopo. You will hear your horoscope. Listen carefully and take notes.
Avrete una giornata buona e divertente. Incontrerete una persona educata e intelligente. Riceverete notizie piacevoli in campo professionale.

Now, as you listen to the speaker for a second time, indicate in the space provided whether each statement below is **vero** or **falso**.

1. Avrete una giornata buona e divertente. [vero]
2. Incontrerete una persona maleducata e antipatica. [falso]
3. Riceverete brutte notizie in campo professionale. [falso]

CAPITOLO

Dal medico!

In laboratorio

Pronuncia: I suoni rappresentati da **sc**, **sci**, **sch**

A. As you have discovered by now, the sequence of letters **sc** stands for:

- the sound /sk/ before **a**, **o**, **u** and any consonant.
  scarpa, scontento (*unhappy*), **scuola, scrivere**
- the sound similar to the *sh* in the English word *ship,* before **e** and **i**.
  conoscere, pesce, uscire
- the sequence **sci** also stands for this sound before **a**, **o**, **u**.
  lasciare, sciarpa, sciopero (*strike*), **prosciutto**
- the sequence **sci** stands for /sk/ before **e** and **i**.
  maschile, schiena (*back of the body*)

B. Repeat each of the following sentences, imitating the speaker. Then write each sentence as the speaker dictates it.

1. Con chi esci stasera?
2. Mi piace il prosciutto, ma non il pesce.
3. Io conosco molti studenti a scuola. Ne conosci molti anche tu?
4. Ho comprato una bella sciarpa ieri.
5. Finalmente ho imparato tutti i nomi maschili irregolari.
6. Io esco tra poco. E voi quando uscite?

Ascolto

C. Dal dottore! Here are five orders that doctors frequently give to their patients. Choosing from the verbs listed below, fill in each blank with the correct form of the imperative, saying the entire sentence. Then repeat the answer after the speaker.

1. [Prenda] questo antibiotico!
2. [Vada] in farmacia!
3. [Torni] fra una settimana!
4. Mi [dica]! Che sintomi ha?
5. Mi [faccia] vedere gli occhi!

D. A casa. Here are five orders that parents give their children. Choosing from the verbs listed below, fill in each blank with the correct form of the imperative, saying the entire sentence. Then repeat the answer after the speaker.

1. [Bevi] il latte!
2. [Mangia] gli spinaci!
3. [Va'] a scuola!
4. Di'] sempre la verità!
5. [Sta'] fermo!

E. Traduciamo! You will hear five commands in English, each read twice. Translate them into Italian. Then repeat the answer after the speaker.

1. Pierino, come here!
   [Pierino, vieni qui!]
2. Pierino, eat!
   [Pierino, mangia!]
3. Pierino, drink!
   [Pierino, bevi!]
4. Children, pay attention!
   [Bambini, fate attenzione!]
5. Miss Rossi, come back tomorrow!
   [Signorina Rossi, torni domani!]

F. No, non mangiare. You will hear five requests made by various people, each asked twice. Respond to each request, using a negative command in the familiar form. Then repeat the response after the speaker.

ESEMPIO: *You hear:* Mangio?
You say: No, non mangiare.

1. Bevo?
   [No, non bere.]
2. Accendo la radio?
   [No, non accendere la radio.]
3. Vengo domani?
   [No, non venire domani.]
4. Spedisco il pacco?
   [No, non spedire il pacco.]
5. Mangio subito?
   [No, non mangiare subito.]

G. Cos'ha Pierino? You will hear five short sentences. Write the number of each sentence beside the picture to which it corresponds.

1. Pierino ha mal di testa.
   [E]
2. Pierino ha mal di stomaco.
   [B]
3. Pierino ha mal di gola.
   [D]
4. Pierino ha la tosse.
   [A]
5. Pierino ha mal di denti.
   [C]

H. Dal medico! Listen to the following dialogue between a doctor and his patient. As you listen, take notes. The dialogue will be read twice.

DOTTORE: Buongiorno, signora Fausti. Come sta?
SIGNORA: Mi sento molto male, dottore. Ho mal di gola e un fortissimo mal di testa.
DOTTORE: Apra la bocca! Hmm... Respiri!
SIGNORA: Cosa pensa, dottore?
DOTTORE: Ha l'influenza, signora. Vada a letto, e beva tanti liquidi. Torni fra una settimana.

Now answer the following questions. Then repeat the response after the speaker. Each question will be asked twice.

1. Come si sente la signora Fausti?
   [La signora Fausti si sente male.]
2. Quali sintomi ha la signora Fausti?
   [La signora Fausti ha mal di gola e un fortissimo mal di testa.]
3. Che cos'ha la signora Fausti, secondo il dottore?
   [Secondo il dottore, la signora Fausti ha l'influenza.]
4. Che cosa dovrà fare la signora Fausti?
   [La signora Fausti dovrà andare a letto.]
5. Che cosa dovrà bere la signora Fausti?
   [La signora Fausti dovrà bere tanti liquidi.]
6. Quando dovrà tornare la signora Fausti?
   [La signora Fausti dovrà tornare tra una settimana.]

I. Ascoltiamo la conversazione! Listen carefully to the following conversation. It will be read twice. Then circle the correct answer to each question you hear.

DENTISTA: Buongiorno, signorina Rossi. Non sta bene?
SIGNORINA: No, dottore, ho mal di denti...
DENTISTA: Apra la bocca! Mi faccia vedere... Quale dente le fa male? Questo qui davanti?
SIGNORINA: Sì, sì, questo. Ahi!!!
DENTISTA: No, non è niente. È solo un'infiammazione. Prenda un'aspirina e vedrà che il dolore le andrà via.

1. Dov'è la signorina Rossi?
   a. in farmacia
   b. dal dentista
   c. al ristorante
   [b. dal dentista]
2. Che cosa fa male alla signorina?
   a. lo stomaco
   b. la testa
   c. un dente
   [c. un dente]
3. Il dottore dice che il dolore andrà via con...
   a. una pomata
   b. un antibiotico
   c. un'aspirina
   [c. un'aspirina]

CAPITOLO

All'aeroporto!

In laboratorio

Pronuncia: La consonante z

A. The letter **z** is pronounced like the English sound /ts/, as in *cats,* or /dz/ as in *lads*. This alternation is found throughout Italy.

zio	=	[tsio] or [dzio]
zucchero	=	[tsukkero] or [dzukkero]

B. Repeat each of the following sentences, imitating the speaker. Then write each word as the speaker dictates it.

1. zia
2. zero
3. zucchero
4. zabaione
5. abbastanza
6. agenzia
7. alzarsi
8. anzi
9. pazienza
10. lezione

Ascolto

C. Certo! Mangiala! Answer the following questions, as in the example. Then repeat the answer after the speaker. Each question will be asked twice.

ESEMPIO: *You hear:* Posso mangiare questa mela?
You say: Certo! Mangiala!

1. Posso leggere il giornale?
[Certo! Leggilo!]
2. Posso prendere un'aspirina?
[Certo! Prendila!]
3. Posso mangiare questo gelato?
[Certo! Mangialo!]
4. Posso telefonare a Luisa?
[Certo! Telefonale!]
5. Posso fare una domanda?
[Certo! Falla!]

D. Occhio all'imperativo! You will hear five commands using the familiar form. Each will be read twice. Change them to the polite form, as in the example. Then repeat the answer after the speaker.

ESEMPIO: *You hear:* Pierino, alzati!
You say: Signor Rossi, si alzi!

1. Pierino, prendi un'aspirina!
[Signor Rossi, prenda un'aspirina!]

2. Pierino, non entrare!
   [Signor Rossi, non entri!]
3. Pierino, svegliati!
   [Signor Rossi, si svegli!]
4. Pierino, dammi il libro!
   [Signor Rossi, mi dia il libro!]
5. Pierino, va' dal dentista!
   [Signor Rossi, vada dal dentista!]

E. Sì, te li ho dati! Answer each question affirmatively, using the double object pronoun. Then repeat the answer after the speaker. Each question will be asked twice.

ESEMPIO: *You hear:* Mi hai dato i biglietti?
You say: Sì, te li ho dati!

1. Mi hai dato i libri?
   [Sì, te li ho dati!]
2. Mi hai dato il passaporto?
   [Sì, te l'ho dato!]
3. Mi hai dato gli assegni?
   [Sì, te li ho dati!]
4. Mi hai dato la carta d'imbarco?
   [Sì, te l'ho data!]
5. Mi hai dato le riviste?
   [Sì, te le ho date!]

F. No, non glieli ho dati! Answer each question negatively, using the double object pronoun. Then repeat the answer after the speaker. Each question will be asked twice.

ESEMPIO: *You hear:* Hai dato i biglietti a Marco?
You say: No, non glieli ho dati.

1. Hai dato i documenti a Luisa?
   [No, non glieli ho dati.]
2. Hai scritto la lettera a Gianni?
   [No, non gliel'ho scritta.]
3. Mi hai comprato il giornale?
   [No, non te l'ho comprato.]
4. Vi hanno dato la carta d'imbarco?
   [No, non ce l'hanno data.]
5. Avete dato i libri ai bambini?
   [No, non glieli abbiamo dati.]
6. Ti ho dato i biglietti?
   [No, non me li hai dati.]

G. Sì, l'hanno data a me! Answer each question emphatically, as in the example. Then repeat the answer after the speaker. Each question will be asked twice.

ESEMPIO: *You hear:* Ti hanno dato la lettera?
You say: Sì, l'hanno data a me!

1. Ti hanno dato i biglietti?
   [Sì, li hanno dati a me!]
2. Vi hanno dato i passaporti?
   [Sì, li hanno dati a noi!]

3. Gli hanno dato il libro?
   [Sì, lo hanno dato a lui!]/loro
4. Le hanno dato la lettera?
   [Sì, l'hanno data a lei!]/me
5. Mi hanno dato la carta d'imbarco?
   [Sì, l'hanno data a te!]

H. Sì, me le sono lavate. Answer each question affirmatively, as in the example. Then repeat the answer after the speaker. Each question will be asked twice.

ESEMPIO: *You hear:* Ti sei lavato le mani?
You say: Sì, me le sono lavate.

1. Ti sei lavato i capelli?
   [Sì, me li sono lavati.]
2. Ti sei provato la camicia?
   [Sì, me la sono provata.]
3. Lisa si è messa il cappotto?
   [Sì, se l'è messo.]
4. Vi siete lavati le mani?
   [Sì, ce le siamo lavate.]
5. Marco si è messo i guanti?
   [Sì, se li è messi.]

I. Occhio alle preposizioni! Fill in each blank below with the correct preposition, saying the entire sentence. Then repeat the answer after each speaker.

1. Carlo viaggia sempre [in] treno.
2. Quest'estate passerò le vacanze [al] mare.
3. Paolo abita [a] Milano.
4. John abita [negli] Stati Uniti.
5. Roma è [nell'] Italia centrale.
6. L'aeroporto è vicino [all'] albergo.

J. Al telefono. Listen to the following recorded telephone announcement concerning the arrival and departure of some Alitalia flights. The announcement will be read twice. Take notes in the space provided.

Questo è un avviso automatico. L'arrivo del volo AZ650 da Roma è previsto alle ore 14,45. La partenza del volo AZ651 per Roma è prevista alle ore 17,00. Per l'ora esatta di arrivo e partenza chiamate questo numero dopo le ore 11,00.

Now answer the following questions. Each will be asked twice. Then repeat the answer after the speaker.

1. A che ora arriva il volo AZ650 da Roma?
   [Arriva alle 14,45.]
2. A che ora parte il volo AZ651 per Roma?
   [Parte alle 17,00.]
3. A che ora bisogna chiamare per avere informazioni precise su questi voli?
   [Bisogna chiamare dopo le 11,00.]

K. All'aeroporto. Listen to the dialogue between an Alitalia check-in agent and a passenger. Then circle the letter of the best completion for each sentence below. The dialogue will be read twice.

IMPIEGATO: Buongiorno!
PASSEGGERA: Buongiorno!

IMPIEGATO: Il biglietto e il passaporto, per favore!
PASSEGGERA: Ecco... Il volo è in orario?
IMPIEGATO: Sì, è in orario. Ha bagagli?
PASSEGGERA: Sì, ho due valige. Un posto vicino al finestrino, se possibile.
IMPIEGATO: Va bene. Allora... Ecco il biglietto, il passaporto e la carta d'imbarco. Uscita 90: ore tredici.
PASSEGGERA: Grazie. ArrivederLa!
IMPIEGATO: ArrivederLa! Buon viaggio!

1. Il volo è...
   a. in ritardo.
   b. in orario.
   [b. in orario.]
2. La passeggera...
   a. ha due valige.
   b. non ha bagagli.
   [a. ha due valige.]
3. La passeggera desidera un posto vicino...
   a. al corridoio.
   b. al finestrino.
   [b. al finestrino.]
4. La passeggera deve andare all'uscita numero...
   a. 90.
   b. 80.
   [a. 90.]
5. La passeggera deve andare all'uscita alle ore...
   a. quindici e trenta.
   b. tredici.
   [b. tredici.]

CAPITOLO

Cara Silvia...

In laboratorio

Pronuncia: Le consonanti doppie

A. As you may have noticed, most Italian consonants have corresponding double consonants, which occur only within words (not at the beginning or at the ends of the words). These are pronounced by doubling and/or lengthening the corresponding single consonants.

bb	**febbraio, nebbia**	mm	**commesso, dramma**
cc, cch	**bocca, broccoli, occhio**	nn	**gonna, nonno**
cc, cci	**abbraccio, eccellente, piacciono**	pp	**appuntamento, troppo**
dd	**addizione, freddo**	ss	**basso, stundentessa**
ff	**caffè, offrire**	tt	**fatto, lettura**
gg, ggh	**legga**	vv	**avvocato, davvero**
gg, ggi	**leggere, viaggiare**	zz	**mezzo, pizza**

B. Repeat each of the words you hear, imitating the speaker. Then write each word as the speaker dictates it.

1. abbastanza
2. abita
3. occhio
4. chimica
5. cappuccino
6. bacio
7. dopo
8. freddo
9. caffè
10. edificio
11. legga
12. legge
13. pioggia
14. anno
15. pane
16. troppo
17. tipo
18. classe
19. casa
20. davvero
21. vero
22. pizza
23. alza

C. Dettato. You will hear one of Aesop's fables. Repeat each sentence of the paragraph after the speaker. Then write each one in the space provided. Each sentence will be read twice.

Un giorno una volpe vide un bellissimo grappolo d'uva. Poiché aveva molta fame, fece un salto per prenderlo. Il grappolo però era molto in alto e così la volpe non riuscì a coglierlo. Allora, delusa, disse: «Quest'uva è ancora acerba». La morale della storia: spesso le persone disprezzano quello che non possono avere.

Ascolto

D. Completiamo! Fill in the blanks with the correct verb, saying the entire sentence. Then repeat the sentence after the speaker.

1. Un giorno una volpe [vide] un bellissimo grappolo d'uva.
2 Poiché la volpe aveva molta fame, [fece] un salto per prenderlo.
3. Il grappolo però era in alto e così la volpe non [riuscì] a coglierlo.
4. Allora la volpe, delusa, [disse]: «Quest'uva è ancora acerba».

E. Le coppie. You will hear the speaker say a pronoun. Match it with one of the verbs below. Then repeat the answer after the speaker.

ESEMPIO: *You hear:* io
You say: io finii

1. io [finii]
2. loro [arrivarono]
3. noi [ci sposammo]
4. lui/lei [ricevè/ricevette]
5. loro [andarono]

F. Occhio agli avverbi! After you hear the adjective, give the corresponding adverb, as in the example. Then repeat the answer after the speaker.

ESEMPIO: *You hear:* regolare
You say: regolarmente

1. facile
   [facilmente]
2. elegante
   [elegantemente]
3. vero
   [veramente]
4. gentile
   [gentilmente]
5. affettuoso
   [affettuosamente]

G. Sì, scriviglela! Answer the questions, using the double pronoun.

ESEMPIO: *You hear:* Devo scrivere la lettera a Pino?
You say: Si, scriviglela!

1. Devo scrivere la lettera a Pino?
   [Sì, scriviglela!]
2. Devo mandare i soldi a Roberta?
   [Sì, mandaglieli!]
3. Devo darvi il numero di telefono?
   [Sì, daccelo!]
4. Devo comprarti i biglietti?
   [Sì, compirameli!]
5. Devo portare la torta a tua madre?
   [Sì, portagliela!]
6. Devo farti la prenotazione?
   [Sì, fammela!]

H. No, non dargliele! Give a negative answer to the question, using the double pronoun.

ESEMPIO: *You hear:* Posso dare le caramelle ai bambini?
You say: No, non dargliele!

1. Posso dare le caramelle ai bambini?
   [No, non dargliele!]
2. Posso portare i fiori alla nonna?
   [No, non portarglieli!]

3. Posso dare il tuo numero di telefono a Luigi?
   [No, non darglielo!]
4. Posso dire la verità a tua sorella?
   [No, non dirgliela!]
5. Posso farti un caffè?
   [No, non farmelo!]
6. Devo spedire i pacchi di Natale?
   [No, non spedirli!]

I. All'ufficio postale. Paola and Roberto have run into each other in front of the post office. Listen carefully to their conversation. Then circle the letter of the correct response to each question. The conversation will be read twice. (There may be more than one correct answer for each question.)

Paola: Ciao, Roberto.
Roberto: Ciao, Paola. Cosa fai qui?
Paola: Devo spedire un pacco. E tu?
Roberto: Io devo comprare dei francobolli per mia madre e mandare un vaglia pastale a mio zio. E il suo compleanno.

1. Cosa fa Paola all'uffcio postale?
   [a. spedisce una carblina]
2. Cosa fa Roberto all'uffcio postale?
   [a. spedisce un vaglia postale]
   [c. compra dei francobolli]

CAPITOLO

L'automobile

In laboratorio

A. Dettato. You will hear five sentences. Each will be read three times. During the first reading, listen to the sentence. During the second reading, write what you hear. Then, during the third reading, check your work.

1. Vorrei portare la macchina dal meccanico perché non funziona bene.
2. L'anno scorso io sarei andata in Italia, ma non ho potuto.
3. Noi compreremmo una casa, ma non abbiamo abbastanza soldi.
4. Sarei andata in centro ieri, ma non ho avuto tempo.
5. In Italia l'industria automobilistica è sempre stata molto importante.

Now give the meaning of each sentence in English on the line provided.

1. [I would like to take the car to the mechanic because it's not working well.]
2. [Last year I would have gone to Italy, but I couldn't.]
3. [We would buy a house, but we don't have enough money.]
4. [I would have gone downtown yesterday, but I didn't have time.]
5. [In Italy the automobile industry has always been very important.]

Ascolto

B. Dall'indicativo al condizionale. You will hear five sentences. Each will be read twice. Rephrase the sentence, using the conditional instead of the indicative. Then repeat the answer after the speaker.

ESEMPIO: *You hear:* Ho bisogno di soldi.
You say: Avrei bisogno di soldi.

1. Scusi, mi può dire che ore sono?
   [Scusi, mi potrebbe dire che ore sono?]
2. Posso vedere quel vestito?
   [Potrei vedere quel vestito?]
3. Mi può aiutare?
   [Mi potrebbe aiutare?]
4. Devi andare dal dottore!
   [Dovresti andare dal dottore!]
5. Voglio delle pere e delle mele.
   [Vorrei delle pere e delle mele.]

C. Il condizionale semplice. Using the present conditional, form a complete sentence out of each group of words below. Then repeat the answer after the speaker.

ESEMPIO: *You hear:* io / bere / latte / ma / non / piace
You say: Io berrei il latte, ma non mi piace.

1. noi / andare / Italia / ma / non / avere / soldi
   [Noi andremmo in Italia, ma non abbiamo soldi.]

2. io / fare / pizza / per / cena / ma / non / avere / tempo
   [Io farei la pizza per cena, ma non ho tempo.]
3. io / mangiare / spaghetti / ma / essere / a / dieta
   [Io mangerei gli spaghetti, ma sono a dieta.]
4. loro / pagare / conto / ma / non / avere / soldi
   [Loro pagherebbero il conto, ma non hanno soldi.]
5. io / comprare / questo / vestito / ma / costare / troppo
   [Io comprerei questo vestito, ma costa troppo.]

D. Il condizionale composto. You will hear the speaker ask five questions. Each will be read twice. Answer the question using the cue below.

ESEMPIO: *You hear:* Perché non hai comprato il pane?
You see: non avevo soldi
You say: L'avrei comprato, ma non avevo soldi.

1. Perché non avete mangiato?
   [Avremmo mangiato, ma non avevamo fame.]
2. Perché Roberto non ha comprato il libro?
   [L'avrebbe comprato, ma non aveva soldi.]
3. Perché non siete venuti?
   [Saremmo venuti, ma non avevamo la macchina.]
4. Perché non hanno scritto a Paolo?
   [Gli avrebbero scritto, ma non avevano il suo indirizzo.]
5. Perché non hai guardato il telegiornale ieri sera?
   [L'avrei guardato, ma dovevo studiare.]

E. Completiamo! Fill in the blank with the correct verb, saying the entire sentence. Then repeat the sentence after the speaker.

1. Noi [andremmo] in vacanza quest'estate, ma purtroppo dobbiamo lavorare.
2. Io la mattina [dormirei] sempre fino a mezzogiorno.
3. [Potresti] cambiarmi cento dollari, per favore?
4. Hai mal di testa? [Dovresti] prendere un'aspirina.
5. Ti [avrei telefonato], ma non avevo il tuo numero di telefono.

F. Cosa rispondiamo? You will hear five questions. Answer each one by choosing the rejoinder that best suits the context. Then repeat each answer after the speaker. Each question will be asked twice.

ESEMPIO: *You hear:* Che macchina guidi?
You see: a. Non sto bene.
b. Sì, mi piace.
c. Una Fiat.
You say: Una Fiat.

1. Pensi mai di andare in Italia?
   [Sì, ci penso sempre.]
2. Che cosa pensi della mia macchina nuova?
   [Mi piace. È molto bella.]
3. Hai mai guidato sull'autostrada?
   [Sì, ci ho guidato.]
4. Scusi, dov'è la stazione di servizio più vicina?
   [Ce n'è una qui all'angolo.]
5. Dove devo parcheggiare?
   [Accanto a quella macchina.]

G. Penso che... Answer each question affirmatively, using **penso che**. Then repeat the answer after the speaker. You will hear each question twice.

ESEMPIO: *You hear:* Parte oggi la signora Rossi?
You say: Sì, penso che parta oggi.

1. Il film comincia alle cinque?
   [Sì, penso che cominci alle cinque.]
2. Le lezioni finiscono ad aprile?
   [Sì, penso che finiscano ad aprile.]
3. Dorme il bambino?
   [Sì, penso che dorma.]
4. Si alzano tardi la mattina?
   [Sì, penso che si alzino tardi.]
5. Carla perferisce il tè?
   [Sì, penso che Carla preferisca il tè.]

H. Sì, qui si parla italiano. Answer each question, using the impersonal pronoun **si**. Then repeat the answer after the speaker. Each question will be asked twice.

ESEMPIO: *You hear:* Qui tutti parlano italiano?
You say: Sì, qui si parla italiano.

1. Qui tutti devono dire la verità?
   [Sì, qui si deve dire la verità?]
2. In Canada la gente parla due lingue?
   [Sì, in Canada si parlano due lingue.]
3. Qui possiamo fumare?
   [Sì, qui si può fumare.]
4. Qui posso parcheggiare la macchina?
   [Sì, qui si può parcheggiare la macchina.]

I. L'incidente stradale. You and two other people have witnessed a hit-and-run accident. One car hit another car; the driver who was at fault drove away. The other two witnesses, who are native Italian speakers, describe the car to the police much more easily than you do. However, their descriptions do not agree. Compare the two descriptions you hear with the photo below. There will be words you do not recognize, but what is important is that you tell the policeman which description is the most accurate.

Descrizione n. 1
È un'automobile a due porte, sportiva, bianca, molto piccola, con sedili senza poggiatesta.

Descrizione n. 2
È un'automobile a quattro porte, grande e nera. I sedili hanno il poggiatesta.
[Descrizione 2 is the correct answer.]

J. Dove siamo? You will hear three short dialogues that take place at various establishments. Identify where each takes place by writing the number of the dialogue next to the corresponding business. You will hear each dialogue twice.

Dialogo n. 1
DOTTORE: Buongiorno, signora Neri. Come sta?
SIGNORA: Dottore, non mi sento bene. Ho la febbre.
DOTTORE: Forse ha l'influenza. Mi faccia vedere...

Dialogo n. 2

PASSEGGERO: Il volo è in orario?

IMPIEGATA: Sì, è in orario. Il biglietto, per favore.

PASSEGGERO: Ecco... Vorrei un posto vicino al finestrino, per favore.

Dialogo n. 3

CLIENTE: Vorrei spedire questo pacco negli Stati Uniti.

IMPIEGATO: Per via aerea?

CLIENTE: Sì, per via aerea, per favore.

[Dialogo n. 3: all'ufficio postale]
[Dialogo n. 1: dal medico]
[Dialogo n. 2: all'aeroporto]

CAPITOLO

Lo sport

In laboratorio

Ascolto

A. Gli sport. Look at the illustrations below. When you hear a sport mentioned, indicate **sì** if that sport is illustrated and **no** if it is not.

1. automobilismo
   [sì]
2. alpinismo
   [no]
3. ciclismo
   [sì]
4. culturismo
   [no]
5. nuoto
   [no]
6. pallacanestro
   [sì]
7. pugilato
   [no]
8. calcio
   [sì]
9. pallavolo
   [sì]
10. tennis
    [no]

B. Cosa piace a Paola? You are asked about your friend Paola: what sports and what pastimes she likes or doesn't like. Using the information below, answer the questions. Each will be asked twice. Then repeat the answer after the speaker.

ESEMPIO: *You hear:* A Paola piace il calcio?
You say: Sì, a Paola piace il calcio.

1. A Paola piace il calcio?
   [Sì, a Paola piace il calcio.]
2. A Paola piace andare al cinema?
   [Sì, a Paola piace andare al cinema.]
3. A Paola piace il pugilato?
   [No, a Paola non piace il pugilato.]
4. A Paola piace guardare la televisione?
   [No, a Paola non piace guardare la televisione.]
5. A Paola piace il tennis?
   [Sì, a Paola piace il tennis.]

C. Ma no...! Disagree with the statements that a friend of yours is making and give the correct information. Then repeat the answer after the speaker. Each statement will be made twice.

ESEMPIO: *You hear:* Venezia è più grande di Roma.
You say: Ma no, Roma è più grande di Venezia.

1. Tornatore è più famoso di Fellini.
   [Ma no! Fellini è più famoso di Tornatore.]
2. Boston è più grande di New York.
   [Ma no! New York è più grande di Boston.]

3. Il football è più bello del calcio.
   [Ma no! Il calcio è più bello del football.]
4. Il francese è più facile dell'italiano.
   [Ma no! L'italiano è più facile del francese.]
5. Maria è più brava di Lisa.
   [Ma no! Lisa è più brava di Maria.]

D. A paragone. You will hear Luisa Rossi describe her three children, Marco, Gianni, and Federica. Listen carefully and take notes below.

Mi chiamo Luisa Rossi. Ho trentacinque anni. Sono sposata e ho tre figli: due ragazzi, Marco e Gianni, e una ragazza, Federica. Marco, il più piccolo, ha quattro anni. Gianni, il più grande, ha otto anni. Federica ha sette anni. Sono tre bambini bellissimi.

Now, as you listen to Luisa Rossi's description for a second time, indicate in the space provided whether each statement is **vero** or **falso**.

1. Marco è più piccolo di Gianni.
   [vero]
2. Gianni è più grande di Federica.
   [falso]
3. Federica è più piccola di Marco.
   [falso]
4. Gianni è il più grande dei figli di Luisa.
   [vero]

E. Occhio all'indicativo! Using the cues below, answer the questions your friend is asking. Then repeat the answer after the speaker. Each question will be asked twice.

ESEMPIO: *You hear:* Viene anche lui? (è ovvio che)
You say: Sì, è ovvio che viene anche lui.

1. Guida bene Gianni?
   [Sì, so che guida bene.]
2. Jane capisce l'italiano?
   [Sì, è chiaro che capisce l'italiano.]
3. Viene anche Marco alla festa?
   [Sì, mi ha detto che viene.]
4. La Ferrari è una bella macchina?
   [Sì, e ovvio che è una bella macchina.]
5. Partono oggi i ragazzi?
   [Sì, sono sicuro che partono oggi. *or* Sì, Sono sicura che partono oggi.]

F. Dubito che... A friend is asking whether certain things are true. Respond to each question using **dubito che**. Then repeat the response after the speaker. Each question will be asked twice.

ESEMPIO: *You hear:* È vero che viene oggi?
You say: No, dubito che venga oggi.

1. È vero che sta male?
   [No, dubito che stia male.]
2. È vero che domani piove?
   [No, dubito che domani piova.]
3. È vero che Lisa sa la verità?
   [No, dubito che sappia la verità.]

4. È vero che Roberto vuole sposarsi?
   [No, dubito che voglia sposarsi.]
5. È vero che i signori Jones vanno in Italia?
   [No, dubito che vadano in Italia.]

G. Sì, sì, credo che... You've lost something but a friend has found it. Answer each question by using **credo che** plus the subjunctive. Then repeat the answer after the speaker. Each question will be asked twice.

ESEMPIO: *You hear:* È tua questa penna?
You say: Sì, sì, credo che sia mia.

1. Sono tuoi questi libri?
   [Sì, sì, credo che siano miei.]
2. È tua questa borsa?
   [Sì, sì, credo che sia mia.]
3. È tuo questo quaderno?
   [Sì, sì, credo che sia mio.]
4. Sono tue queste penne?
   [Sì, sì, credo che siano mie.]
5. Sono tuoi questi guanti?
   [Sì, sì, credo che siano miei.]

H. Mi dispiace che... React to what is being said by using the expression of emotion **Mi dispiace che**. Then repeat the answer after the speaker. Each statement will be read twice.

ESEMPIO: *You hear:* Non sto bene.
You say: Mi dispiace che tu non stia bene.

1. Non posso venire.
   [Mi dispiace che tu non possa venire.]
2. Ho il raffreddore.
   [Mi dispiace che tu abbia il raffreddore.]
3. Paolo è malato.
   [Mi dispiace che Paolo sia malato.]
4. Gianni e Maria non vengono alla festa.
   [Mi dispiace che Gianni e Maria non vengano alla festa.]
5. Non possiamo restare.
   [Mi dispiace che voi non possiate restare.]

I. È possibile che... One of your friends asks you a question. Following the example, answer each question negatively using **È possibile che**. Then repeat the answer after the speaker. Each question will be asked twice.

ESEMPIO: *You hear:* Marco viene?
You say: Non lo so. È possible che non venga.

1. I signori Rossi vengono?
   [Non lo so. È possibile che non vengano.]
2. Maria sta bene?
   [Non lo so. È possibile che non stia bene.]
3. È vero quello che ha detto?
   [Non lo so. È possibile che non sia vero.]
4. I ragazzi arrivano oggi?
   [Non lo so. È possibile che non arrivino oggi.]
5. Anna parte oggi?
   [Non lo so. È possibile che non parta oggi.]

CAPITOLO

Lezione finale!

In laboratorio

Ascolto

A. Occhio al passato remoto! You will hear the speaker give the infinitive form of the five verbs. Respond by giving the third-person singular of the **passato remoto** of each verb. Then repeat the response after the speaker.

ESEMPIO: *You hear:* nascere
You say: nacque

1. essere
   [fu]
2. andare
   [andò]
3. finire
   [finì]
4. dire
   [disse]
5. fare
   [fece]

B. Dal passato prossimo al passato remoto. You will hear five sentences with verbs in the **passato prossimo**. Change each verb to the **passato remoto**, as in the example. Then repeat the response after the speaker.

ESEMPIO: *You hear:* Michelangelo è nato nel 1475.
You say: Michelangelo nacque nel 1475.

1. Cristoforo Colombo ha scoperto l'America.
   [Cristoforo Colombo scoprì l'America.]
2. Dante ha scritto la *Divina Commedia.*
   [Dante scrisse la *Divina Commedia.*]
3. Dante è nato a Firenze.
   [Dante nacque a Firenze.]
4. Shakespeare ha scritto *Amleto.*
   [Shakespeare scrisse *Amleto.*]
5. Mozart è stato un grande genio.
   [Mozart fu un grande genio.]

C. Il congiuntivo imperfetto. You will hear five questions, each asked twice. Answer using the cues provided below. Then repeat the answer after the speaker.

ESEMPIO: *You hear:* Tu sai chi era quella signora?
You see: credo che / la moglie del dottor Neri
You say: Credo che fosse la moglie del dottor Neri.

1. A che ora si alzava la mattina?
   [Credo che si alzasse molto presto.]
2. Con chi parlava Marco al telefono?
   [Penso che parlasse con Simona.]
3. Dove viveva Carlo da bambino?
   [Mi pare che vivesse a New York.]
4. A quel tempo Daniele abitava in via Nazionale o in via Carducci?
   [Mi sembra che abitasse in via Nazionale.]
5. Secondo te, Mario diceva la verità.
   [Dubito che dicesse la verità.]

D. Oh, pensavo che... React to the statements, using the cues provided below. Then repeat the answer after the speaker. Each statement will be given twice.

ESEMPIO: *You hear:* John è americano.
You see: canadese
You say: Oh, pensavo che fosse canadese!

1. Il signor Rossi è dentista.
   [Oh, pensavo che fosse avvocato!]
2. Maria abita a Firenze.
   [Oh, pensavo che abitasse a Roma!]
3. Loro vivono negli Stati Uniti.
   [Oh, pensavo che vivessero in Canada!]
4. Io parto domani.
   [Oh, pensavo che partissi oggi!]
5. Marco ha ventidue anni.
   [Oh, pensavo che avesse diciannove anni!]

E. Scegliamo bene! Imagine that you are the person to whom each of the following comments or questions is addressed. Answer each one with the response that best suits the context. Then repeat the response after the speaker. Each question or comment will be given twice.

ESEMPIO: *You hear:* Che tempo faceva quel giorno?
You see: a. Mi pare che facesse molto freddo.
b. Sì, a Roma fa sempre bel tempo.
You say: Mi pare che facesse molto freddo.

1. Io sono di origine inglese.
   [Oh, pensavo che tu fossi francese!]
2. Loro abitano a Roma.
   [Oh, pensavo che abitassero a Milano!]
3. Quanto costa questa casa?
   [Duecentomila dollari.]
4. Antonio parte domani.
   [Oh, credevo che partisse oggi!]
5. Io vorrei che loro comprassero questa casa.
   [Anch'io. È bellissima e non costa molto.]

F. Occhio al congiuntivo imperfetto! Make a complete sentence out of each group of words below and say it aloud. Then repeat the answer after the speaker.

ESEMPIO: *You hear:* mio padre / vorrebbe / che / io / andare / università
You say: Mio padre vorrebbe che io andassi all'università.

1. io / desidererei / che / tu / mi / fare / favore
   [Io desidererei che tu mi facessi un favore.]
2. il professore / vorrebbe / che / noi / parlare / sempre / italiano / classe
   [Il professore vorrebbe che noi parlassimo sempre italiano in classe.]
3. io / desidererei / che / tu / essere / più / gentile / me
   [Io desidererei che tu fossi più gentile con me.]
4. vorrei / che / Lei / scrivere / subito / questa / lettera
   [Vorrei che Lei scrivesse subito questa lettera.]
5. io / vorrei / che / loro / comprare / questa / casa / perché / bella
   [Io vorrei che loro comprassero questa casa perché è bella.]

G. Occhio al pronome relativo! Fill in the blank with the correct relative pronoun, saying the entire sentence. Then repeat the answer after the speaker.

1. La casa [che] hai comprato è molto bella.
2. Ecco la ragazza di [cui] ti ho parlato.
3. Lui non capisce mai [quello che] dico.
4. [Chi] ha detto questo non sa niente.

H. Il trapassato congiuntivo. Following the example, reply to each statement your friend makes, using **credevo che**. Then repeat the answer after the speaker. Each statement will be given twice.

ESEMPIO: *You hear:* Io sapevo che Mario era andato in Italia.
You say: Oh, io credevo che non ci fosse andato!

1. Io sapevo che Antonio era uscito.
   [Oh, io credevo che non fosse uscito!]
2. Io sapevo che il signor Rossi era arrivato.
   [Oh, io credevo che non fosse arrivato!]
3. Io sapevo che Barbara aveva visto il film.
   [Oh, io credevo che non l'avesse visto!]
4. Io sapevo che loro avevano comprato quella casa.
   [Oh, io credevo che non l'avessero comprata!]
5. Io sapevo che Paola era venuta.
   [Oh, io credevo che non fosse venuta!]

I. Il periodo ipotetico. Rephrase each sentence as in the example. Then repeat the answer after the speaker. Each sentence will be given twice.

ESEMPIO: *You hear:* Se io ho fame, mangio.
You say: Se io avessi fame, mangerei.

1. Se posso, lo faccio.
   [Se potessi, lo farei.]
2. Se viene Marta, vengo anch'io.
   [Se venisse Marta, verrei anch'io.]
3. Se fate ginnastica, vi sentite meglio.
   [Se faceste ginnastica, vi sentireste meglio.]
4. Se fa bel tempo, esco.
   [Se facesse bel tempo, uscirei.]
5. Se decidiamo di andare al concerto, vieni anche tu?
   [Se decidessimo di andare al concerto, verresti anche tu?]

J. Certo! Se potessi, lo farei. Answer each question by saying that if you could, you would do certain things. Use the pronoun when necessary. Then repeat the answer after the speaker. Each question will be asked twice.

ESEMPIO: *You hear:* Vuoi telefonare a Gianni?
You say: Certo! Se potessi, gli telefonerei.

1. Vuoi uscire?
   [Certo! Se potessi, uscirei.]
2. Vuoi mangiare quella pasta?
   [Certo! Se potessi, la mangerei.]
3. Vuoi andare in Italia?
   [Certo! Se potessi, ci andrei.]
4. Vuoi finire il lavoro stasera?
   [Certo! Se potessi, lo finirei.]
5. Vuoi giocare a tennis?
   [Certo! Se potessi, (ci) giocherei.]

K. Certo! Se non fosse ricco, non spenderebbe molto. Respond to each statement as in the example. Then repeat the answer after the speaker. Each statement will be given twice.

ESEMPIO: *You hear:* Se Gianni spende molto, vuol dire che è ricco.
You say: Certo! Se non fosse ricco, non spenderebbe molto.

1. Se Paolo mangia, vuol dire che ha fame.
   [Certo! Se non avesse fame, non mangerebbe.]
2. Se Anna dorme, vuol dire che è molto stanca.
   [Certo! Se non fosse molto stanca, non dormirebbe.]
3. Se Michele legge molto, vuol dire che ha tempo.
   [Certo! Se non avesse tempo, non leggerebbe.]
4. Se Lisa studia molto, vuol dire che le piace studiare.
   [Certo! Se non le piacesse studiare, non studierebbe.]
5. Se Riccardo compra quella casa, vuol dire che non costa molto.
   [Certo! Se costasse molto, non la comprerebbe.]

L. Completiamo! Complete each sentence, choosing from the words given below. Say the entire sentence. Then repeat the answer after the speaker.

1. [Nel caso che] cominci a piovere, resteremo a casa.
2. [Benché] sia ricco, il signor Rossi non spende molto.
3. Vengo anch'io a ballare, [purché] venga anche tu.
4. [Prima che] Marco esca, dovrei dirgli due parole.
5. I miei genitori lavorano [affinché] io possa studiare.

ANSWER KEY

CAPITOLO

Un caffè, per favore!

Attività di ripasso

Tema 1

A. Al bar. 2. e 3. a 4. c 5. d 6. g 7. b

B. Desidera? [*Answers will vary.*] Coca-cola, acqua minerale, caffè, spumone

C. Un caffè, per favore! [*Answers will vary.*]

D. Una Coca-Cola, per piacere!

2. Un caffè, per piacere.
3. Un tè, per piacere.
4. Un'acqua minerale, per piacere.
5. Un'aranciata, per piacere.
6. Un cappuccino, per piacere.

E. Sì o no?

3. Sì, un espresso. / No, grazie! Per me niente.
4. Sì, un bitter. / No, grazie! Per me niente.
5. Sì, un succo di frutta. / No, grazie! Per me niente.
6. Sì, una limonata. / No, grazie! Per me niente.
7. Sì, una granita di caffè. / No, grazie! Per me niente.
8. Sì, una cioccolata calda. / No, grazie! Per me niente.

F. Contrari 2. e 3. h 4. a 5. b 6. c 7. f 8. g

G. Paolo prende un bitter?

2. No, Maria non prende uno zabaione. Prende [*this part will vary*].
3. No, Gianni non prende un caffellatte. Prende [*this part will vary*].
4. No, Anna non prende un'aranciata. Prende [*this part will vary*].
5. No, Marco non prende un caffè corretto. Prende [*this part will vary*].
6. No, Barbara non prende un tè. Prende [*this part will vary*].

H. Il verbo *bere*.

1. bevi
2. beve
3. beve
4. beviamo
5. bevo
6. bevete
7. bevono
8. bevete

I. Sì, anch'io prendo un caffè!

2. Sì, anch'io prendo un caffellatte.
3. Sì, anch'io prendo una granita.
4. Sì, anch'io prendo una cioccolata calda.
5. Sì, anch'io prendo un gelato.

J. No, non sono di Roma.

2. No, non sono uno studente/una studentessa di italiano. Sono [*this part will vary*].
3. No, non bevo un succo di frutta. Bevo [*this part will vary*].
4. No, non c'è la signora Rossi. C'è [*this part will vary*].
5. No, non prendo una cioccolata calda. Prendo [*this part will vary*].
6. No, non sto bene. Sto [*this part will vary*].

K. Andiamo al bar! [*Answers will vary.*]

Tema 2

A. Botta e risposta.

2. e 3. a 4. c 5. d

B. Tra amici.

1.
Gianni: Carlo, ti presento Maria.
Carlo: Piacere.
Maria: Piacere.
Carlo: Di dove sei?
Maria: Sono di Roma.
Carlo: Anch'io sono di Roma.

2.
John: Ciao, Debbie. Ciao, Roberto. Come state?
Debbie: Così così. E tu?
John: Abbastanza bene. Prendete qualcosa?
Debbie: Un'aranciata, grazie.
Roberto: Per me, una Coca-Cola.

3.
Marco e Gianni: Ciao, Maurizio.
Maurizio: Ciao, ragazzi, come state?
Gianni: Bene. E tu?
Maurizio: Non c'è male.
Marco: Maurizio, prendi qualcosa? Un caffè? Un'acqua minerale?
Maurizio: Un caffè, grazie!

C. Qual è la domanda?

2. Come stai?
3. Desidera? *or* Prendi/Prende qualcosa?
4. [*Answer will vary.*]
5. Come state?
6. Di dove siete?
7. [*Answer will vary.*]
8. [*Answer will vary.*]
9. [*Answer will vary.*]
10. [*Answer will vary.*]

D. Qual è la domanda?

1. Di dov'è Lei?
2. Come sta?
3. Come state?
4. Desidera? *or* Prende qualcosa?
5. Come si chiama?

E. Occhio al pronome! Lei, Loro, Lei, noi, Lei, io

F. Vero o falso?

1. falso
2. falso
3. vero
4. vero
5. falso

G. I numeri (1–20).

1. otto
2. uno
3. nove
4. tredici
5. dodici
6. diciotto
7. venti
8. quattordici
9. due
10. sei
11. dieci
12. undici
13. sedici
14. quindici
15. diciassette
16. diciannove

Attività di espansione

A. Le parole nascoste. cappuccino, bicchiere, piacere, prendere, bene [*Answers will vary.*]

B. La parola fuori posto.

1. secco
2. corretto
3. un bar
4. prego
5. Grazie!

C. Qual è la tua bevanda preferita?
Part 1: [*Answers will vary.*]
Part 2: [*Answer will be either* No, non mi piace. *or* Sì, mi piace.]

D. Giochiamo con la pubblicità. [*Answers will vary.*]

E. Il mondo digitale. [*Answers will vary.*]

F. Pubblicità elettronica. [*Answers will vary.*]

G. Come si dice... ? [*Words and expressions will vary.*]

CAPITOLO

Buongiorno!

Attività di ripasso

Tema 1

A. Buongiorno... [*Answers will vary.*]

B. Tu o Lei?

1. Level of formality: Lei
   Dialogue: sta, Lei, male
2. Level of formality: Pierino alla signora Gieri = Lei
   Level of formality: Signora Gieri a Pierino = tu
   Dialogue: Buongiorno, Ciao, stai, Lei, Anch'
3. Level of formality: tu
   Ciao, stai, così, tu, Sto

C. Buongiorno, professore!

1. Buongiorno, professore!
2. Come sta il professor Antonelli?
3. Buongiorno, signor Valenti.
4. Buonasera, dottor Neri.
5. Buongiorno, dottore. Come sta?
6. Mario è un ingegnere.
7. Di dov'è la signora Smith?
8. Avvocato, Le presento l'ingegner Martini.
9. Giannini è un avvocato.
10. Di dov'è Lei, signorina Binni?

D. Le professioni.

2. Armando è un dottore.
3. Paolo è un barista
4. Maria è una professoressa.
5. Valeria è una dottoressa.
6. Gino è un professore.
7. Roberto è un cameriere.

Tema 2

A. In uno snack bar.
da bere: 2. un caffè 3. una Coca-Cola 4. un bitter 5. una limonata
da mangiare: 7. una pizzetta 8. una brioche 9. una pasta 10. uno spumone

B. Un'altra aranciata. [*Answers will vary.*]

C. Cos'è?

2. È una gelateria.
3. È una paninoteca.
4. È una pizzeria.

D. Al Bar Dante. 1. b 2. a 3. c 4. b 5. c

E. Il verbo avere.

1. Ho
2. Abbiamo
3. avete
4. ha
5. ha
6. abbiamo
7. ho

F. Insiemi di parole.

1. una tavola calda
   un fast food
2. un cornetto
   una pizza
3. un'acqua minerale
   una Coca-Cola
4. pranzo
   cena
5. tu hai
   lui ha
6. Perché?
   Quando?

G. In una trattoria.

SANDRA: Hai ancora fame, non è vero?
PAOLO: Sì, cos'altro prendiamo? Un altro panino?
SANDRA: Sì, un altro panino e un'altra Coca-Cola.
PAOLO: Cameriere!
CAMERIERE: Sì, desiderano?
PAOLO: Un altro panino e un'altra Coca-Cola per la signorina. Per me solo una pizzetta.
CAMERIERE: Va bene!

H. Occhio alla preposizione!

1. per
2. di, per
3. al
4. Per
5. a
6. Di, di

I. Giochiamo con i verbi!

1. Venite
2. studiamo
3. cenano
4. chiacchiera
5. arrivate
6. hanno
7. mangiano
8 studio

9. desidera
10. pranziamo
11. presento
12. aspettano

J. Formiamo le frasi!

1. Marco desidera un bicchiere di acqua.
2. Il signor Spadolini ha un appuntamento con la dottoressa.
3. Noi pranziamo in un ristorante italiano.
4. Voi mangiate sempre in un ristorante italiano?
5. Loro abitano in un appartamento in Via Dante.

K. I numeri (1–100).

I.
1. quarantadue, cinquanta, ottantuno
2. sessantanove, novantasei, trentatrè
3. ventidue, ventotto, trenta
4. trentuno, trentanove, quarantacinque
5. cinquantuno, sessantasette, sessantotto

II.
1. dodici
2. quindici
3. venti
4. settanta
5. trentadue

Attività di espansione

A. La parola fuori posto.

1. Cin cin! 2. gnocchi 3. il vino 4. bar

B. Che cos'è?

2. È una mensa.
3. È una pasta.
4. È una pizza.
5. È una porta.
6. È una lavagna.
7. È una finestra
8. È un tavolo.

C. Rimettiamo le parole in ordine.

1. Come sta, dottor Marchi?
2. Io pranzo in una paninoteca.
3. Ti presento Armando.
4. Di solito dove ceni?
5. Piacere di fare la sua conoscenza.

D. Cruciverba

Orizzontali
2. pranzano
6. bicchiere
8. pomodori
9. lasagne

Verticali
1. colazione
2. Perché
3. appetito
4. Chi
5. gelateria
7. fame

E. Ordina una e-pizza.
I. [*Answers will vary.*]
II. ventisette, quarantaquattro, settantacinque
III. [*Answers will vary.*]

F. Giochiamo con la pubblicità! [*Answers will vary.*]

G. Il mondo digitale. [*Answers will vary.*]

2. c 3. a 4. e 5. b

H. Come si dice... ? [*Words and expressions will vary.*]

CAPITOLO

Sì, mi pace molto!

Attività di ripasso

Tema 1

A. Ti piace?

2. Sì, i ravioli mi piacciono. OR
   No, i ravioli non mi piacciono.
3. Sì, la Coca-Cola mi piace. OR
   No, la Coca-Cola non mi piace.
4. Sì, gli spaghetti mi piacciono. OR
   No, gli spaghetti non mi piacciono.
5. Sì, l'aranciata mi piace. OR
   No, l'aranciata non mi piace.
6. Sì, le lasagne mi piacciono. OR
   No, le lasagne non mi piacciono.

B. Ti piace? [*Answers will vary.*]

C. Scriviamo una domanda!

2. Sì, grazie. Mi piacciono le pizzette!
3. Sì, grazie. Mi piacciono le paste!
4. Sì, grazie. Mi piacciono i dolci!
5. Sì, grazie. Mi piacciono i cornetti!
6. Sì, grazie. Mi piacciono i gelati!

D. Le piace... ? [*Answers will vary.*]

E. Scriviamo una domanda! [*Answers will vary.*]

F. Gli interrogativi. 1. Dove 2. Come 3. Quanto 4. Chi 5. Che cosa 6. Perché 7. Quali 8. Quante

G. Il verbo *avere*.

1. avete
2. hai, Ho
3. ha
4. hanno
5. abbiamo, abbiamo
6. Ha

H. Usiamo i verbi!

1. ascolto, piacciono
2. desidera
3. mangia
4. studiamo
5. aspettano

6. mangi
7. arriva
8. paghiamo

I. Azioni di ogni giorno! [*Answers will vary.*]

J. Il plurale.

2. granite
3. spumoni
4. espressi
5. limonate
6. bicchieri
7. signorine
8. avvocati
9. colazioni
10. dottoresse
11. ingegneri
12. dialetti
13. dollari
14. lingue
15. studenti

Tema 2

A. L'articolo determinativo.

2. la lezione, le lezioni
3. il libro, i libri
4. la lingua, le lingue
5. la porta, le porte
6. l'aranciata, le aranciate
7. l'appuntamento, gli appuntamenti
8. lo spumone, gli spumoni
9. l'avvocato, gli avvocati
10. lo zabaione, gli zabaioni

B. Il plurale.

2. i signori
3. gli studenti
4. le portoghesi
5. gli inglesi
6. i dialetti
7. le edicole
8. i biglietti
9. le studentesse

C. Sì, è italiano.

2. Sì, è inglese!
3. Sì, è americano!
4. Sì, sono tedeschi!
5. Sì, sono francese!
6. Sì, siamo canedesi!
7. Sì, è spagnola!
8. Sì, è cinese!
9. Sì, è russo.
10. Sì, sono australiani.

D. Paesi e lingue.

2. l'Australia, l'inglese
3. il Canada, l'inglese e il francese
4. la Cina, il cinese

5. l'Italia, l'italiano
6. la Grecia , il greco
7. l'Inghilterra, l'inglese
8. il Messico, lo spagnolo
9. il Portogallo, il portoghese
10. la Germania, il tedesco

E. Traduciamo.

1. Buongiorno, signor Vitti!
2. Dottor Santoro, come sta?
3. Dottore, di dov'è Lei?
4. La signorina Bertini ha ragione.
5. Ecco il professor Domenichelli.
6. Professore, desidera?
7. Il signor Tellini non è qui.
8. Il dottor Papini è in ritardo.

F. Di chi è? [*Answers will vary.*]

Attività di espansione

A. Dal singolare al plurale.

2. aranciata, le aranciate
3. cappuccino, i cappuccini
4. dottore, i dottori *or* dottoressa, le dottoresse
5. panino, i panini
6. limonata, le limonate
7. ingegnere, gli ingegneri
8. tramezzino, i tramezzini
9. ristorante, i ristoranti
10. trattoria, le trattorie
11. pizzeria, le pizzerie
12. cornetto, i cornetti
13. gelato, i gelati
14. mensa, le mense
15. cameriere, i camerieri
16. americano, gli americani
17. canadese, le canadesi
18. greco, i greci
19. polacco, i polacchi
20. spagnola, le spagnole

B. Rimettiamo le parole in ordine.

1. Ho ancora fame.
2. Ashley e Tom sono due studenti americani.
3. La signorina Smith mi è simpatica.
4. Loro sono in un ristorante vicino all'università.
5. È il libro di Marco./Il libro è di Marco.
6. In Italia ci sono molti dialetti.
7. Il pullman è in orario.

C. Le coppie! 2. d 3. a 4. c 5. g 6. b 7. f

D. Cruciverba. *The hidden Italian city is Milano.*

ORIZZONTALI
3. italiana
4. quante
5. paura
6. molto

The hidden city is Milano.

VERTICALI
1. piacciono
2. Canada

E. Rispondi alla domanda. [*Answers will vary.*]

F. Cosa fa Simona?

2. Simona ascolta la radio.
3. Simona va a scuola.
4. Simona mangia.
5. Simona parla italiano.
6. Simona aspetta l'autobus.

G. Le città nascoste.

Bari (Puglia), Bologna (Emilia Romagna), Firenze (Toscana), Genova (Liguria), Napoli (Campania), Palermo (Sicilia), Perugia (Umbria), Roma (Lazio), Torino (Piemonte), Venezia (Veneto).

H. I numeri (101–999).

1. centotrentacinque
2. trecentotredici
3. cinquecentosessantotto
4. seicentocinquantasei
5. novecentosedici
6. novecentoventiquattro
7. settecentonovantanove
8. quattrocentosessanta
9. trecentosettanta
10. settecentoventicinque
11. ottocentoquarantadue
12. duecentoquarantasette
13. ottocentononantotto

I. Giochiamo con i verbi. [*Answers will vary.*]

J. Il mondo digitale. [*Answers will vary.*]

K. Come si dice... ? [*Words and expressions will vary.*]

CAPITOLO

La lezione sta per cominciare!

Attività di ripasso

Tema 1

A. Come fai per andare in centro?

2. vai, in macchina
3. va, in autobus
4. andiamo, in motocicletta
5. andate, in bicicletta

B. Dove vuoi andare?

2. vuole
3. vogliamo
4. vogliono
5. volete
6. vuoi

C. Tu hai il computer? [*Answers will vary.*]

D. Rispondi! [*Answers will vary.*]

E. Costruiamo le frasi.

1. Pina va in centro in autobus.
2. Io abito in un appartamento in periferia.
3. Anche a te piace l'Italia.
4. Noi vogliamo vedere il film (i film) di Fellini.
5. La mia auto è nuova.
6. A me piacciono molto i film di James Bond.

F. Il plurale.

2. gli amici 3. le amiche 4. le righe 5. gli edifici 6. le farmacie 7. le arance 8. i caffè 9. gli autobus 10. le auto 11. le radio 12. le penne 13. le cartelle 14. i film

G. Occhio al verbo *volere*!
I. [*Sentence completions will vary.*]

1. voglio
2. vuole
3. vogliamo
4. vogliono
5. vuoi
6. volete

II. [*Answers will vary.*]

H. Il verbo *fare*.

1. fai/facciamo
2. faccio
3. fate
4. fare
5. facciamo
6. fa

Tema 2

A. A scuola!

1. Roberto studia italiano il lunedì, il martedì, il mercoledì, il giovedì e il venerdì.
2. Roberto studia inglese il lunedì, il mercoledì e il venerdì.
3. Il martedì Roberto studia storia, italiano e biologia.
4. Il giovedì Roberto studia storia, italiano e matematica.
5. No, il sabato Roberto non ha lezione.

B. Occhio ai verbi!

1. risponde, rispondere
2. prende
3. metto
4. scrive
5. leggiamo
6. leggi
7. rispondi
8. vendere
9. prendete, prendiamo
10. prendono

C. Occhio al verbo *conoscere!*

1. conosco
2. conosci
3. conosce
4. conosciamo
5. conoscono
6. conoscete
7. conosce
8. conoscono

D. Azioni di ogni giorno. [*Answers will vary.*]

E. Costruiamo le frasi.

1. Oggi noi abbiamo molto da fare.
2. Qual è il tuo corso preferito?
3. (Il) lunedì abbiamo lezione d'italiano.
4. Claudio pensa sempre a Maria.
5. Ecco i compiti che devo fare.

F. Cognomi italiani.

1. novantatremilanovecentodieci
2. ottantaseimilaottocentodue
3. ottantottomilacinquecentocinquantatrè
4. cinquemilaquarantacinque
5. tremilasettecentosei
6. tremilasettecentoottantanove

Attività di espansione

A. Completiamo! [*Answers will vary.*]

B. Cosa fa Carla?

1. Carla legge un libro.
2. Carla beve/prende un/il caffè.
3. Carla scrive (una lettera).
4. Carla parla/risponde al telefono.
5. Carla va a scuola.
6. Carla guarda la televisione.

C. Indoviniamo il verbo!

1. faccio
2. voglio
3. conosci
4. conoscete
5. andiamo/abitiamo/veniamo
6. volete, prendiamo
7. leggo
8. vogliono
9. prendiamo
10. metti

D. Osserva e rispondi.

1. Il passaggero si chiama Mario Corsi.
2. Abita in via Mazzini 39 (a Milano).
3. Il suo numero di telefono è 479815.
4. Il suo prefisso è 02.

E. Giochiamo con la pubblicità. [*Answers will vary.*]

F. Il mondo digitale. [*Answers will vary.*]

1. un', spettacolare
2. la geografia, le scienze, la tecnologia, la storia, la letteratura, lo sport, lo spettacolo
3. otto (8) CD ROM, centotrenta (130) video e animazioni, ventiquattromila (24.000) immagini, settantotto (78) visite virtuali, venti (20) laboratori interattivi, oltre quattrocento (400) carte geografiche
4. settantanove

G. Come si dice... ? [*Words and expressions will vary.*]

CAPITOLO

La mia famiglia

Attività di ripasso

Tema 1

A. Mettiamo al femminile.

2. bambina bella
3. cugina povera
4. zia ricca
5. ragazza simpatica
6. sorella brava
7. giovane italiana
8. signora francese

B. E ora mettiamo al plurale.

2. bambini belli, bambine belle
3. cugini poveri, cugine povere
4. zii ricchi, zie ricche
5. ragazzi simpatici, ragazze simpatiche
6. fratelli bravi, sorelle brave
7. giovani italiani, giovani italiane
8. signori francesi, signore francesi

C. Dite il contrario!

2. è facile.
3. è piccolo.
4. è magro.
5. è povera.
6. è giovane.

D. Esprimiamo giudizi positivi. [*Answers will vary.*]

E. Un po' di logica.

2. il padre di mio marito/mia moglie.
3. il fratello di mio marito/il fratello di/mia moglie/il marito di mia sorella.
4. il figlio di mio zio/mia zia.
5. il padre di mio padre/mia madre.
6. la sorella di mio padre/mia madre.
7. il figlio di mio fratello/il figlio di mia sorella/il figlio di mio figlio/il figlio di mia figlia.
8. la moglie di mio figlio.
9. la sorella di mio marito/la sorella di mia moglie/la moglie di mio fratello.
10. i genitori di mio padre/mia madre.

F. Completiamo! Attenzione alle finali!

1. Mio padre è molto simpatico e intelligente.
2. Mia madre è molto simpatica e intelligente.
3. I tuoi zii e i tuoi cugini sono tutti all'estero.
4. Io ho due fratelli e due sorelle.
5. Alessandra e Monica sono molto simpatiche.
6. Gli spaghetti sono molto buoni.
7. L'ingegner Rossi è molto elegante.
8. La signora Marini è alta e magra.
9. Mia figlia è molto generosa.
10. I miei nipoti sono buoni.

G. Aggettivo o avverbio?

1. Nella classe ci sono molti studenti e molte studentesse.
2. Gli studenti sono molto bravi e le studentesse sono molto brave.
3. Nella cartella ci sono tanti libri e tante penne.
4. L'edificio è molto grande.
5. I film di Fellini sono molto belli.
6. Mia sorella è molto alta e molto magra.
7. Mio padre è un avvocato molto bravo.
8. Povero ragazzo! Ha tanti soldi ma pochi amici.

H. La mia famiglia. [*Answers will vary.*]

I. Occhio ai verbi!

1. parte
2. aprono
3. dorme
4. serve
5. parte, partono
6. prende
7. apri
8. serviamo

Tema 2

A. Una telefonata: Occhio ai verbi!

MICHELE: vuoi
FRANCA: posso, Devo
MICHELE: Vuoi
FRANCA: devo, devi
MICHELE: Dobbiamo
FRANCA: possiamo, vuoi
MICHELE: voglio

B. Pronto, chi parla? [*Answers will vary.*]

C. Occhio al verbo *sapere*! 1. sai 2. so 3. sa 4. sanno 5. sanno 6. sai 7. sappiamo

D. *Conoscere* o *sapere*?

1. conosco
2. sa
3. sanno
4. conosciamo, sappiamo
5. conosci
6. conosce
7. sa
8. conoscete, conosciamo, sappiamo
9. sa
10. conosce, sanno

E. Occhio ai verbi!

1. preferisci, preferisco
2. uscire
3. preferite, preferiamo
4. esco, uscite
5. capisco
6. finite, finisco, finisce
7. capisci, capisco
8. pulisce

F. I numeri (100.000–1.000.000).

I. 1. centocinquantacinquemiladuecentotrentacinque
2. seicentoottantanovemilatrecentocinquantotto
3. novecentoquarantaseimilatrecentocinquantasei
4. centoundicimiladuecentosessantaquattro
5. cinquecentoquattordicimilasettecentotrentasei

II. 1. cinquecento mila, seicentomila
2. duecentomiladuecentoventianquemila
3. un milione, due milioni
4. ottocentoquarantamilaottocentocinquantamila
5. seicentosedicimilaseicentoventimila

III. Nomi italiani.
1. ottocentoottantacinquemilaquattrocentocinquantadue
2. settecentodiciottomilanovecentoquindici
3. ottocentonovantottomilatrecentoquarantadue
4. cinquecentotrentacinquemilatrecentosettantatrè
5. quattrocentosessantottomilacinquecentoventidue
6. quattrocentosessantunomilacinquecentoventicinque
7. novecentoventottomilanovantuno

Attività di Espansione

A. Ti presento la mia famiglia. [*Answers will vary.*]

B. I membri della famiglia.

1. il padre
2. la moglie
3. il nipote
4. la sorella
5. il cugino
6. la figlia
7. il genero
8. la nonna
9. lo zio
10. la suocera
11. il cognato

C. La famiglia Rossi.

1. Paolo Rossi 2. Anna Rossi 3. Luisa 4. Gianpaolo 5. Marcello 6. Marcello 7. Sofia 8. Paolo Rossi 9. Luisa 10. Giorgio 11. Anna Rossi 12. Luisa

D. Scriviamo una e-mail! [*Answers will vary.*]

E. Prepariamo un'intervista! [*Questions will vary.*]

F. Qual è la frase giusta?

1. incorrect—Loro sono simpatici e belli.
2. correct
3. correct
4. incorrect—Pronto! Sono Marco. C'è la signora Martini?
5. correct
6. incorrect—I ragazzi partono fra una settimana.
7. correct

G. Giochiamo con la pubblicità.

2. leggera
3. buona
4. unica
5. piccola
6. grande

7. raro
8. puro
9. prezioso
10. nuovo
11. elegante
12. giovane
13. luminoso
14. discreto
15. prestigioso

H. Italy Direct.

1. affari, turismo, Uniti, veloce, facile, conveniente
2. speciale, assistente
3. servizio, costi
4. possibile, telefonico
5. speciali, installati, aeroporti, maggiori, assistente

I. Il mondo digitale! [*Answers will vary.*]

J. Come si dice... ? [*Words and expressions will vary.*]

CAPITOLO

Che ore sono?

Attività di ripasso

Tema 1

A. Che ora è?

2. È l'una.
3. È mezzanotte.
4. Sono le cinque.
5. Sono le undici.
6. Sono le otto.

B. A che ora?

2. Alle dieci ha (va a) lezione di francese.
3. Alle undici ha un appuntamento con il professor Rossi.
4. Alle dodici va a pranzare alla mensa (mangia).
5. Dalle due alle tre studia in biblioteca.
6. Alle quattro telefona a Gino.
7. Alle cinque va al cinema Rex.

C. Occhio al verbo *uscire*!

2. Voi uscite alle tre.
3. Mario esce alle dieci.
4. Noi usciamo alle sei.
5. Gina e Maria escono alle nove.
6. Tu esci alle sette.

D. Occhio all'aggettivo *buono*! 2. buon' 3. buona 4. buoni 5. buon 6. buono 7. buone

E. Il passato: l'ausiliare *avere*.

2. Roberta ha cenato alle sette.
3. Giancarlo ha saputo che io sono italiano.
4. Luigi non ha capito niente.
5. Noi non abbiamo dormito bene in questo letto.
6. I ragazzi hanno guardato un film.
7. Il telefono ha suonato in continuazione.
8. I Rossi hanno ascoltato solo musica classica.
9. Gli studenti hanno finito l'esame alle tre.
10. Non abbiamo servito bevande alcoliche prima delle sei.

F. Traduciamo!

1. Scusi, signore, che ore sono (che ora è)?
2. Scusa, Marco, che ore sono (che ora è)?
3. A che ora arrivano (loro)?
4. Il tempo vola!
5. Quante volte hai visto/veduto la *La dolce vita*?
6. Il professore arriva fra/tra due ore.

7. Che bella casa!
8. Questa cioccolata calda è molto buona (buonissima)!

Tema 2

A. Che ora è?

1. È l'una e un quarto (e quindici).
2. Sono le quattro e venti.
3. Sono le sei e mezza (e trenta).
4. Sono le dieci meno un quarto (le nove e quarantacinque).
5. Sono le otto meno cinque (le sette e cinquantacinque).
6. Sono le due e cinque.

B. Completiamo le frasi.

2. ha scritto
3. ha squillato, abbiamo risposto
4. ha messo
5. ha comprato
6. abbiamo bevuto/preso
7. hanno mangiato, hanno bevuto/preso
8. ha venduto
9. hanno aperto, hanno fatto
10. ho pulito

C. Occhio al verbo!

2. io finisco
3. noi abbiamo aperto
4. tu dici
5. lui ha fatto
6. loro rispondono
7. voi avete deciso
8. lei risponde
9. noi abbiamo scritto
10. loro prendono

D. Rispondi di no!

2. Non c'è nessuno.
3. Non bevo né tè né caffè.
4. No, non telefona mai a Marco.
5. No, non mi piace più.
6. No, non è affatto vero.
7. No, non abbiamo saputo niente
8. No, non ho incontrato nessuno.
9. No, non fa mai colazione alle otto.
10. No, non hanno mai visto *Il postino*.

E. Traduciamo!

1. Che ore sono?/Che ora è?
   Sono le tre in punto.
2. Ieri ho dovuto lavorare.
3. Adesso non stiamo facendo (facciamo) niente.
4. Neanche Gianni ha ragione.
5. Io non ho mai visto *Le nozze di Figaro*.

F. I numeri.

1. un milione
2. un milione centocinquantamila
3. due milioni quattrocentocinquantaquattromilatrecentoquindici
4. un miliardo
5. due miliardi

Attività di espansione

A. Il passato: l'ausiliare *avere*.

2. Noi abbiamo detto sempre la verità.
3. Piero ha letto il giornale.
4. Tu hai preso un cappuccino?
5. Quando avete parlato con il professore?
6. Loro hanno bevuto un'aranciata.
7. Maria non ha fatto niente.
8. Io ho risposto al telefono.
9. Perché hai aperto la finestra?
10. Hai scritto la lettera?

B. Rispondi! [*Answers will vary.*]

C. Traduciamo!

1. Maria non può venire alle due perché ha un altro appuntamento.
2. «Che ora è?/Che ore sono?»
   «Sono le due e tre quarti./Sono le tre meno un quarto./Sono le due e quarantacinque.»
3. Quante opera italiane hai studiato l'anno scorso?
4. Gli studenti non hanno capito subito il film di Fellini *Amarcord*.
5. John è un buon amico. Anche Paula è una buon'amica.
6. Hai mai visto i film di Hitchcock?
7. «Hai chiamato Peter?/Hai telefonato a Peter?»
   «Sì, ho chiamato/ho telefonato due volte. Non ha risposto nessuno.
8. Loro hanno perso/per duto un milione di dollari.

D. Italiani famosi.

2. F. Fellini
3. L. Visconti
4. M. Antonioni
5. R. Rossellini
6. V. De Sica

1. G. Rossini
2. G. Verdi
3. G. Puccini
4. G. Donizetti
5. G. Puccini

E. Al cinema!

1-c; 2-d; 3-a; 4-b; 5-f; 6-e

F. Dialogo. [*Answers will vary.*]

ANNA: Bene, grazie.
ANNA: No, ho già visto *Il postino*.
ANNA: Sì, ho già visto anche *Balla coi lupi*.
ANNA: Chi canta/è il tenore?
ANNA: A che ora è lo spettacolo/comincia lo spettacolo?
ANNA: Va bene, andiamo!
ANNA: Ciao! A domani.

G. Giochiamo con la pubblicità. [*Answers will vary.*]

H. Il mondo digitale. [*Answers will vary.*]

I. Come si dice... ? [*Words and expressions will vary.*]

CAPITOLO

7 Che tempo fa?

Attività di ripasso

Tema 1

A. Che tempo fa? [*Answers will vary.*]

I. 1. A Milano c'è la nebbia. La temperatura è di venti gradi.
2. A Venezia ci sono temporali. La temperatura è di ventidue gradi.
3. A Firenze piove. La temperatura è di ventitré gradi.
4. A Roma c'è il sole. È sereno. La temperatura è di ventisei gradi.
5. A Palermo c'è il sole. La temperatura è di trentatré gradi.

II. [*Answers will vary.*]

B. Il passato: l'ausiliare *essere*.

2. Sì, sono arrivate. Sì, anche lui è arrivato.
3. Sì, è venuto. Sì, anche lei è venuta.
4. Sì, è andata. Sì, anch'io sono andata/o.
5. Sì, sono partiti. Sì, anche loro sono partiti.

C. Occhio al verbo!

2. io arrivo
3. noi siamo venuti/e
4. tu rientri
5. lui è partito
6. loro crescono
7. voi siete andati/e
8. lei è/lei sta
9. ti è piaciuto/a
10. loro vanno

D. Il passato: l'ausiliare *essere* o *avere*.

1. abbiamo visto/veduto/visitato
2. è venuto/è arrivato/è partito/è uscito
3. sono partiti/sono arrivati
4. ha comprato
5. sono andati, hanno preso
6. ho scritto
7. avete comprato/avete letto
8. hai cominciato
9. abbiamo conosciuto
10. è venuto
11. abbiamo parlato
12. sei uscita, siamo andate
13. ho potuto/sono potuto/a, ho dovuto
14. ha voluto

Tema 2

A. Ti è piaciuto?

1. Sì, mi è piaciuto.
2. Sì, mi sono piaciute.
3. Sì, mi è piaciuta.
4. Sì, mi sono piaciuti.
5. Sì, mi sono piaciuti.
6. Sì, mi è piaciuta.
7. Sì, mi è piaciuta.
8. Sì, mi è piaciuto.

B. Tradurre.

1. Ieri Maria non è andata a scuola.
2. Non ha potuto (è potuta) andare perché ha dovuto finire un compito.
3. Non ho potuto/sono riuscito a vedere il film.
4. Sono dovuti/e uscire.
5. A che ora è arrivato Robert?
6. Oggi c'è il sole, ma tira vento.
7. Giorgio, ti sono piaciuti i guanti?
8. Sì, è un bell'anello.

C. Dare...

2. dà
3. dai
4. dare
5. do
6. dà

D. Bello...

I.
2. bella
3. bel
4. bello
5. bel
6. bella
7. bei
8. belle

II.
1. begli
2. bella
3. bell'
4. bella
5. belle

E. Che bel film!

2. Che bei guanti!
3. Che bei libri!
4. Che bei regali!

F. Occhio alle preposizioni

1. in, per
2. Fra/Tra
3. per
4. a
5. al
6. all', con
7. in
8. in una/nella, in
9. di
10. a
11. ai
12. a

G. Giochiamo con i numeri.

2. mille più tremila fa quattromila
3. duecentomila meno centotrentamila fa settantamila
4. sette per quattro fa ventotto
5. cento diviso dieci fa dieci

Attività di espansione

A. In vacanza. [*Answers will vary.*]

B. Previsioni del tempo. [*Answers will vary.*]

a. 1. Nebbia nelle prime ore del mattino, quindi sereno, caldo e umidità per il resto della giornata.
   2. Temperatura massima 32 gradi entrambi i giorni.
   3. Più fresco vicino al lago.
   4. Minima 18.

b. 1. Freddo con possibilità di temporali nel pomeriggio.
   2. Venti da ovest a 30 chilometri orari.
   3. Sabato prevalentemente nuvoloso con una massima di 6 e una minima di 2.
   4. Maggiori dettagli a pagina 5.

c. 1. Su tutte le regioni italiane nuvoloso con isolate precipitazioni.
   2. Temperatura in lieve aumento.
   3. Venti deboli sulle regioni adriatiche.
   4. Moderati venti sulle altre regioni.

C. Mariella e gli amici. 1. è uscita 2. sono andati 3. hanno visto/veduto 4. sono andati 5. hanno preso 6. è ritornata/è tornata

D. Siamo gentili!

2. Buona giornata!
3. Buon viaggio!
4. Buon divertimento!
5. Buon appetito!
6. Buona fortuna!
7. Buon Natale!
8. Buona Pasqua!
9. Buona notte!

E. Topolino. 1. look 2. ora 3. stupendo 4. regalo 5. dadi

F. Leggiamo e rispondiamo. [*Answers will vary.*]

G. Il mondo digitale. [*Answers will vary.*]

H. Come si dice... ? [*Words and expressions will vary.*]

CAPITOLO

Buon compleanno!

Attività di ripasso

Tema 1

A. Completiamo! [*Answers will vary.*]

B. Ti annoi o ti diverti? [*Answers will vary.*]

C. La giornata di Pierino. [*Answers will vary.*]

1. si alza
2. va, guarda, fa, è
3. si mette
4. si lava
5. fa, prende, mangia
6. esce
7. va
8. ha, si annoia, sono
9. va, vedere, si diverte, è

D. Cosa stai facendo?

2. Sì, sta leggendo.
3. Sì, stiamo guardando la TV.
4. Sì, sto bevendo il caffè.
5. Sì, stiamo studiando.
6. Sì, stanno mangiando.
7. Sì, sta uscendo.
8. Sì, sto scrivendo a Giorgio.

E. Cosa stanno facendo?

1. Stanno studiando/leggendo.
2. Sta aspettando l'autobus.
3. Sta parlando al telefono.
4. Si sta lavando la faccia.
5. Stanno guardando un film.
6. Sta lavorando/scrivendo.

F. Traduciamo!

1. — Quanti anni hai?
   — Ho ventun anni.
2. Quand'è il tuo compleanno?/Quando compi gli anni?
3. Questo corso (questa lezione) è troppo difficile.
4. C'è troppa gente qui.
5. Questi orecchini sono troppo costosi (costano troppo).

6. Lei è una cara amica.
7. Mia madre è un'ottima dottoressa.
8. Mio padre è professore/insegnante.

G. Continua! [*Answers will vary.*]

1. auguri!
2. giorno!/compleanno!/appetito!
3. anni.
4. giornata!/fortuna!/notte!
5. cose.
6. [*Answer will vary.*]
7. [*Answer will vary.*]

H. Che professione fa?

2. Roberta è dottoressa.
3. Giorgio è impiegato.
4. Mario è operaio
5. Anna è cassiera.
6. Michela è insegnante/professoressa.

Tema 2

A. I mesi dell'anno.

1. giugno
2. settembre
3. ottobre
4. gennaio
5. marzo
6. luglio
7. agosto
8. febbraio
9. dicembre
10. aprile
11. novembre
12. maggio

B. Il verbo *dire*.

1. dico
2. diciamo
3. dice
4. dicono
5. dite
6. dici

C. Il verbo *rimanere*.

1. rimango
2. rimane
3. rimanete
4. rimaniamo
5. rimangono
6. rimani

D. Domande personali. [*Answers will vary.*]

E. Le stagioni.

1. inverno
2. primavera
3. autunno
4. estate

F. Occhio alla preposizione!

1. alle
2. della
3. della
4. per l'
5. nel
6. sul
7. alla
8. nell'/in
9. in
10. all', con il
11. tra/fra il

Attività di espansione

A. Occhio alla preposizione!

1. al
2. per
3. al
4. alle
5. in, con
6. della
7. sul
8. nella

B. Scrivi la domanda! [*Answers will vary.*]

1. Ti piace... ?
2. Ti diverti... ?
3. Cosa fai di solito la sera?
4. Cosa stanno facendo?
5. Che tempo fa?
6. Quanti ne abbiamo oggi?
7. Che giorno è oggi?
8. Quando è nato... ?
9. Quanti anni ha... ?
10. Cosa fa... ?/Che professione fa... ?

C. Come ha passato la giornata Claudia?

1. Si è alzata alle sette.
2. Si è lavata alle sette e mezzo/a (trenta).
3. Si è messa i jeans e un maglione.
4. Ha fatto colazione alle otto.
5. È uscita di casa alle otto e mezzo/a (trenta).
6. È andata a scuola in autobus.
7. È arrivata a scuola alle nove.
8. Sì, si è divertita.

D. Cosa hai fatto ieri? [*Answers will vary.*]

E. Indovina cosa sta facendo? [*Answers will vary.*]

F. Quando arriva a New York Paolo?

2. il dieci ottobre
3. il diciannove ottobre
4. il ventotto ottobre
5. il due novembre

G. Vi presentiamo Brenda Baker. [*Answers will vary.*]

Brenda Baker è nata il 25 marzo (del) mille novecentocinquantasei a Seattle nello stato di Washington. Fa il medico e vive a Chicago nello stato dell'Illinois. Il suo numero di telefono è quattro-sei-cinque-due-due-due-due.

H. Traduciamo!

1. Domani è il suo compleanno.
2. Devo alzarmi presto domani./Mi devo alzare presto domani.
3. Ci telefoniamo ogni due giorni/un giorno sì, un giorno no.
4. Quanti ne abbiamo oggi?
5. Parto per Roma il mese prossimo.
6. Esco di casa alle sette di mattina.
7. Quand'è nata tua nonna?
8. Stamattina Maria si è svegliata alle sette. Si è alzata, si è lavata, si è vestita e ha fatto colazione.

I. Occhio alla parola mancante!

1. un, alla
2. sono, alla, sono
3. al, con, di
4. ha, sulla
5. una, sul
6. il, di un/del
7. con, da
8. dello
9. ne
10. A, sei

J. Cartoline di auguri virtuali. [*Answers will vary.*]

K. Il mondo digitale. [*Answers will vary.*]

L. Come si dice... ? [*Words and expressions will vary.*]

CAPITOLO

Quanto costa?

Attività di ripasso

Tema 1

A. L'abbigliamento. [*Answers will vary.*]

B. Il mio guardaroba. [*Answers will vary.*]

C. Le cose che facevamo in passato.

1. giocava
2. aveva, mangiava
3. abitavamo
4. dormiva
5. uscivo
6. lavorava
7. andavano
8. leggeva, guardava

D. Completiamo le frasi. [*Answers will vary.*]

E. Passato prossimo o imperfetto?

1. guardavamo, studiava
2. andavamo
3. siamo andati/e
4. ha letto
5. leggeva
6. ho visto/veduto, è piaciuto

F. Bellissimo!

2. Sono stanchissimo!
3. È grandissima!
4. Sono simpaticissimi!
5. Sono fortunatissimo!
6. È contentissima!
7. Sono felicissimi!
8. È altissimo!

G. I tuoi gusti. [*Answers will vary.*]

H. Dal singolare al plurale.

2. la camicia bianca, le camicie bianche
3. il vestitio rosso, i vestiti rossi
4. il cappello verde, i cappelli verdi

5. la gonna azzurra, le gonne azzurre
6. la giacca marrone, le giacche marrone/marroni
7. la scarpa nera, le scarpe nere
8. l'impermeabile blu, gli impermeabili blu

I. Sì, gli sta benissimo!

2. questa
   Sì, Le sta benissimo.
3. Questo/Quest'
   Sì, le sta benissimo.
4. Questi
   Sì, gli stanno benissimo.
5. queste
   Sì, ti stanno benissimo.

Tema 2

A. Ti piace leggere? [*Answers will vary.*]

B. Passato prossimo o imperfetto?

1. dovevo, sono uscito
2. dovevi, hai telefonato
3. voleva
4. voleva
5. mi lavavo, ti pettinavi
6. ci divertivamo
7. ho potuto, ho dovuto

C. Quando avevo dieci anni... [*Answers will vary.*]

D. Rispondi alle domande.

2. Sono i miei cugini.
3. Sono i miei zii.
4. È mia nonna.
5. È mio cognato.
6. Sono i miei nipoti.
7. Sono le mie zie.
8. È mia nipote.
9. È mia cognata.
10. È mia cugina.

E. Occhio ai possessivi.

2. È mia sorella.
3. Dove sono le mie chiavi?
4. Dove sono i miei genitori?
5. È il suo libro.
6. È il suo libro.
7. È tua la bicicletta?/È la tua bicicletta?
8. È tuo l'orologio?/È il tuo orologio?
9. È un mio amico.
10. Di dove sono i tuoi amici?

11. Quando è il tuo compleanno?
12. Mia madre è elegante./La mia mamma è elegante.
13. Tuo padre è alto./Il tuo papà è alto.

F. Occhio agli aggettivi!

1. grande/grand'
2. grande/grand'
3. grandi
4. gran
5. grandi

Attività di espansione

A. Quanto costa?

I. 2. Quanto costa questa giacca? Costa duecentosettantacinque euro.
3. Quanto costano queste scarpe? Costano centocinquanta euro.
4. Quanto costa questo libro? Costa trentacinque euro.

II. 2. Mi piace la giacca in vetrina. È bellissima!
3. Mi piacciono le scarpe in vetrina. Sono bellissime!
4. Mi piace il libro in vetrina. È bellissimo!

B. Traduciamo!

1. Come mi sta questa gonna?
2. Da bambino/a, non mangiavo mai gli spinaci.
3. Ieri stavo parlando con l'avvocato quando mi hai telefonato/chiamato.
4. Ieri, mentre tu dormivi, io guardavo la televisione.
5. Che belle scarpe! Ti stanno proprio bene!
6. Da piccolo/a, bevevo (la) Coca-Cola, ma adesso non faccio più questo (non la bevo più).
7. Quando eravamo bambini, vivevamo in una casa grande.
8. Da ragazza, mia madre portava le scarpe da ginnastica.
9. Che taglia porta, signora?
10. Mia sorella vuole comprare un paio di pantaloni: le stanno bene.
11. Da bambini, io e mio fratello giocavamo molto insieme.
12. Marcello, hai bisogno di una camicia/ti serve una camicia?
13. — Questa giacca è nuova?
    — Sì, questa è nuova.

C. Al ladro! [*Answers will vary.*]

D. Boutique Alitalia. [*Answers will vary.*]

E. Qual è l'aggettivo giusto?

1. grande
2. bel
3. buon
4. bello
5. buon
6. grandi
7. begli
8. buona

F. Giochiamo con la pubblicità. [*Answers will vary.*]

G. Completiamo! [*Answers will vary.*]

H. La parola fuori posto.

1. il tavolo
2. caffè
3. Rossini
4. un film
5. Zanichelli

I. Insiemi di parole.

1. la maglietta, il vestito, la gonna, la sciarpa
2. verde, viola, bianco, rosso, blu
3. la rivista, il libro, i fumetti
4. Morante, Ginzburg, Calvino, Montale
5. la nebbia, la tempesta, il vento, il temporale

J. Ieri mattina...
si è svegliata, è uscita, voleva, sono andate, sono entrate, ha provato, erano, ha comprato, stavano

K. Il mondo digitale. [*Answers will vary.*]

L. Come si dice... ? [*Words and expressions will vary.*]

CAPITOLO 10 L'alimentazione

Attività di ripasso

Tema 1

A. Cosa ti piace a tavola? [*Answers will vary.*]

B. Mi pacciono le arance!

2. Sì, grazie. Mi piacciono le fragole.
3. Sì, grazie. Mi piacciono le banane.
4. Sì, grazie. Mi piacciono le mele.
5. Sì, grazie. Mi piacciono le arance.

C. Facciamo la spesa! 2. delle 3. delle 4. dell' 5. dei 6. della 7. degli 8. dei 9. delle 10. delle 11. dei

D. Occhio ai possessivi!

1. Lui è nostro zio.
2. La loro macchina/automobile è bella.
3. I loro amici sono italiani.
4. Questa è nostra zia.
5. Ragazzi/Bambini, dove sono i vostri fratelli?
6. Lui è un nostro amico.
7. Loro sono nostri amici.
8. Mi metto il cappotto.

E. Occhio ai possessivi!

2. Sì, è la nostra macchina.
3. Sì, è la sua cartella.
4. Sì, è il loro stereo.
5. Sì, è il tuo cappuccino.
6. Sì, sono i vostri/nostri dischi.
7. Sì, sono i suoi libri.
8. Sì, è la tua aranciata.
9. Sì, sono le mie cassette.

F. Vorrei quel pane!

2. No, vorrei quei limoni!
3. No, vorrei quelle fragole!
4. No, vorrei quegli spinaci!
5. No, vorrei quei panini!
6. No, vorrei quelle patate!
7. No, vorrei quella carne!
8. No, vorrei quell'uva!

9. No, vorrei quelle arance!
10. No, vorrei quei piselli!

G. No, grazie... !

2. No, grazie. Non mi piacciono le arance.
3. No, grazie. Non mi piace il pesce.
4. No, grazie. Non mi piacciono le banane.
5. No, grazie. Non mi piace il formaggio.
6. No, grazie. Non mi piacciono i pomodori.
7. No, grazie. Non mi piace il pane.
8. No, grazie. Non mi piacciono le mele.
9. No, grazie. Non mi piace il prosciutto.
10. No, grazie. Non mi piace lo zucchero.

Tema 2

A. Occhio alla quantità!

2. qualche
3. molta/poca/tanta/troppa
4. dei/molti/alcuni/pochi/tanti/troppi
5. molte/alcune/poche/tante/troppe

B. Anche quello!

2. Anche quelli!
3. Anche quella!
4. Anche quelle!
5. Anche quello!
6. Anche quelli!
7. Anche quelle!
8. Anche quelli!

C. Occhio ai possessivi!

2. Sì, è il suo.
3. Sì, è la sua.
4. Sì, è la nostra
5. Sì, è la sua.
6. Sì, è il loro.
7. Sì, è il tuo.
8. Sì, sono le vostre/nostre.
9. Sì, sono i suoi.
10. Sì, è la tua.

D. Cosa stavi facendo?

2. Sì, stava guardando la TV.
3. Sì, stavo studiando.
4. Sì, stavamo studiando.
5. Sì, stavano mangiando.
6. Sì, stava scrivendo.

E. Ieri e oggi.

2. I nonni invece non andavano mai al cinema.
3. I nonni invece non avevano la macchina.
4. I nonni invece non uscivano tutte le sere.

5. I nonni invece non mangiavano mai al ristorante.
6. I nonni invece non bevevano Coca-Cola.

F. La dolce vita! 1. dormivo 2. mi alzavo 3. mi lavavo 4. mi vestivo 5. facevo 6. bevevo 7. leggevo 8. stavo 9. prendevo 10. bevevo 11. stavo 12. uscivo 13. Andavo 14. tornavo

G. Passato prossimo o imperfetto?

1. hai chiamato, facevo
2. ero, piaceva
3. bevevo
4. eri
5. dicevi
6. ho saputo

H. Avevo già cenato!

2. No, avevo già cenato!
3. No, avevo già visto il telefilm!
4. No, avevo già studiato!
5. No, avevo già parlato con il professore!
6. No, avevo già pulito la casa.
7. No, avevo già scritto la lettera.
8. No, avevo già finito i compiti.
9. No, mi ero già vestito/a.

Attività di espansione

A. C'era una volta... [*Translations may vary.*]

I. 1. Once upon a time there was a beautiful princess. Her mother was dead and she lived with her stepmother, who asked her magic mirror every day who was the most beautiful woman in the kingdom: «Mirror, my mirror, who is the most beautiful woman in the kingdom?».
Title: *Snow White and the Seven Dwarfs*
2. Once upon a time there was a piece of wood. «I want to make a puppet,» thought Geppetto the carpenter.
Title: *Pinocchio*
3. Once upon a time there was a very good and very beautiful girl who lived with her stepmother and two ugly and mean stepsisters.
Title: *Cinderella*
4. Once upon a time there lived a king and queen. They had a beautiful daughter. When the child was born, an evil fairy predicted: «When your daughter turns sixteen, she will prick her finger on a spindle and die».
Title: *Sleeping Beauty*

II. 1. d 2. a 3. c 4. b

B. La città misteriosa. 1. andavo 2. leggevo 3. dicevo 4. giocavo 5. dormivo
La città misteriosa: VENEZIA

C. Traduciamo! [*Translations may vary.*]

1. Mi piace la verdura, ma non mi piace la carne.
2. La signora Rossi e le sue figlie fanno acquisti in un negozio d'abbigliamento.
3. Rina ha comprato due camicie bianche, una giacca blu, tre maglioni e una cintura nera.
4. Ieri ci siamo alzati alle sette e mezza. Ci siamo lavati, ci siamo vestiti, abbiamo fatto colazione e siamo usciti alle otto e mezza.
5. "Quando partono i tuoi amici?"
"Sono già partiti."

6. Non hanno potuto fare tutto perché erano malati.
7. Alcuni/Parecchi studenti sono rimasti, ma quelli che avevano finito il test/l'esame sono usciti.
8. Molti (dei) bambini non si divertivano/stavano divertendo.
9. Noi sapevamo che il signor Tholen era tedesco. Non te l'avevano detto? (A te non l'avevano detto?)
10. Due proverbi comuni: «Il tempo è denaro». «Meglio tardi che mai».
11. L'uva è buona per te.

D. Le parole. [*Answers will vary.*]

E. Il mondo digitale. Faccio la spesa con un clic. [*Answers will vary.*]

F. Come si dice... ? [*Words and expressions will vary.*]

CAPITOLO

La televisione

Attività di ripasso

Tema 1

A. Il mio programma preferito. [*Answers will vary.*]

B. Occhio al futuro!

2. non studierò: scriverò delle lettere.
3. non finiremo i lavori: pioverà.
4. Roberto e Pina si sposeranno.
5. Luigi si laureerà.

C. Lo scriverò dopo!

2. Adesso no. Le finirò dopo.
3. Adesso no. Lo studierò dopo.
4. Adesso no. Li leggerò dopo.
5. Adesso no. Li ascolterò dopo.

D. I miei progetti per il futuro. [*Answers will vary.*]

E. Pronomi, pronomi, pronomi...

2. Sì, lo vogliamo!
3. Sì, li compro!
4. Sì, lo leggo!
5. Sì, la ascoltiamo!
6. Sì, lo conosco!
7. Sì, la conosciamo!
8. Sì, le voglio!

F. Il pronome giusto.

2. li
3. vi
4. La
5. ti
6. la
7. ti, mi
8. le

G. Io, di caffé, ne bevo molto!

2. Sì, ne mangio molta.
3. Sì, ne leggo molti.
4. Sì, ne vedo molti.

5. Sì, ne scrivo molte.
6. Sì, ne conosco molti.

H. Ne voglio due!

2. Sì, ne voglio un po'.
3. Sì, ne voglio quattro.
4. Sì, ne voglio tre.
5. Sì, ne voglio un po'.
6. Sì, ne voglio due.

I. Traduciamo!

1. Susan lavora in un supermercato.
2. Noi abbiamo ancora un televisore in bianco e nero.
3. Quando tu hai telefonato, loro guardavano la televisione.
4. Il mio orologio non funziona.
5. Questa sera/Stasera guardiamo il programma che dico io!
6. L'anno scorso/passato siamo andati in Francia; l'anno prossimo andremo/andiamo in Italia.

Tema 2

A. È tutto il contrario!

2. No, è chiusa.
3. No, è giovane.
4. No, è vecchia.
5. No, sono cattive/marce.
6. No, sono antipatici.
7. No, è noioso.

B. La mia famiglia. [*Answers will vary.*]

C. I miei amici. [*Answers will vary.*]

D. Occhio al femminile!

2. lo zio, la zia
3. il nonno, la nonna
4. il fratello, la sorella
5. il signore, la signora
6. lo studente, la studentessa
7. il professore, la professoressa
8. l'attore, l'attrice
9. il pittore, la pittrice
10. il commesso, la commessa
11. il dottore, la dottoressa
12. l'avvocato, l'avvocatessa/l'avvocato

E. Dal singolare al plurale.

2. l'anagramma, gli anagrammi
3. il televisore, i televisori
4. il dramma, i drammi
5. lo spettacolo, gli spettacoli
6. il programma, i programmi

7. la televisione, le televisioni
8. il telegramma, i telegrammi

F. Occhio al futuro!

1. Mangeremo una pizza e prenderemo un caffè.
2. Pagherò io, non tu!
3. Cercherò le chiavi, ma non le troverò.
4. Lo spettacolo comincerà alle nove.
5. Ci sarà un bel film stasera.
6. So che quel programma mi piacerà.

G. L'ho comprato ieri!

2. li ho comprati
3. l'ho comprato
4. le ho comprate
5. li ho comprati
6. l'ho comprata

H. Ancora pronomi!

2. Li ho finiti [*this part will vary*].
3. L'ho incontrato [*this part will vary*].
4. Le ho messe [*this part will vary*].
5. Le ho comprate [*this part will vary*].

I. L'ho già fatto!

2. L'ho già preso.
3. L'ho già fatta.
4. L'ho già letto.
5. Li ho già comprati.
6. L'ho già visto/veduto.
7. Le ho già finite.

J. Ne ho comprata una!

2. Ne ho comprati dodici.
3. Ne ho ordinate dieci.
4. Ne ho mangiati due.
5. Ne ho bevuti sei oggi.
6. Ne ho visti quattro.
7. Ne ho fatte cinque.
8. Ne ho ascoltata una.

K. Non ho nessun amico!

2. No, non ho nessun giornale francese.
3. No, non conosco nessuna ragazza italiana.
4. No, non ho nessun parente in Europa.
5. No, non ho nessuno zio/nessuna zia a Roma.
6. No, non ho nessuna rivista italiana.

Attività di espansione

A. Traduciamo!

1. Giovanni lavora in un negozio di alimentari.
2. Fra una settimana, andrà a Firenze.
3. Io verrò stasera. Marco e Maria, invece, verranno (vengono) domani.
4. Ti darò i libri la settimana prossima.
5. Vuoi della (un po' di) frutta?
6. Roberto ha comprato delle/alcune penne e alcuni/dei libri.
7. — Compri della/un po' di carne?
   — No, non ne compro.
8. — Quanto costa?
   — Non costa molto.
9. Quando arrivano, ti chiameremo (chiamiamo).
10. Ci vogliono cinque ore.

B. Oggi in televisione. [*Answers will vary.*]

C. La televisione. [*Answers will vary.*]

D. «Love Boat» made in Italy.

I.
1. It will appear in September.
2. It will be called "Crazy Boat."
3. Romolo Siena will direct it.
4. Some of the actors will be: Gilles Novak, Maura Maggi, Ivana Monti, and Paolo Panelli.
5. In Rai television studios.

II.
1. boat
2. crazy
3. television screen
4. to be aired
5. the shooting of a movie

III. [*Answers will vary.*]

E. I contrari.

2. buono 3. magro 4. ricco 5. alto 6. aperto 7. allegro 8. generoso.

F. Insiemi di parole.

1. il film, il telegiornale, il telequiz
2. l'attore, lo scultore, il pittore
3. la pittrice, l'attrice, la scultrice
4. tanti, alcuni, qualche
5. buono, bello, cattivo
6. Masaccio, Botticelli, De Chirico

G. Il mondo digitale. [*Answers will vary.*]

H. Come si dice... ? [*Words and expressions will vary.*]

CAPITOLO 12 L'oroscopo

Attività di ripasso

Tema 1

A. *Dare e volere.*

1. diamo, dai, dà, danno, date, do
2. voglio, vogliamo, vuole, vogliono, volete, vuoi

B. Occhio al futuro! [*Answers must include the following verbs.*]

2. uscirò, starò, mi farò
3. ci sarà, verrai
4. andremo, vedremo
5. potrò, dovrò
6. andrai, rimarrai
7. potrò, verrò
8. ci saranno

C. Lo farò dopo!

2. Lo pagherò dopo.
3. La mangerò dopo.
4. Lo vedrò dopo.
5. Lo cercherò dopo.
6. La berrò dopo.
7. La farò dopo.
8. Glieli darò dopo.

D. Da quanto tempo? [*Answers will vary.*]

E. Vado dal dottore.

2. Sì, vado da mia nonna.
3. Sì, vado da Maria.
4. Sì, vado da un mio amico.
5. Sì, vado dal signor Mattei.
6. Sì, vado dai miei cugini.

F. Occhio al pronome oggetto indiretto!

2. Sì, gli scriviamo spesso.
3. Sì, gli parlo qualche volta.
4. Sì, gli ho detto tutto.
5. Sì, gli scrivevo ogni settimana.
6. Sì, le dà un bacio.
7. Sì, gli diciamo sempre la verità.
8. Sì, gli ha già scritto.

G. Continuiamo con il pronome oggetto indiretto. 2. Le, mi 3. vi, ci 4. Le 5. ti 6. Ti 7. Le 8. Ti 9. mi 10. Le

H. Le telefono domani. [*Answers will vary, but must include the following indirect-object pronouns.*]

2. gli
3. gli
4. gli
5. le
6. ti
7. mi
8. le

I. Oggetto diretto o indiretto?

2. li
3. le
4. gli
5. l'
6. mi

J. Occhio alla preposizione!

2. di, dalla
3. da, al
4. in, a
5. al
6. da, da
7. del, al
8. Alle, a, in
9. da, a, per
10. ai
11. a, dal
12. fra/tra
13. per
14. da
15. da

K. Traduciamo!

1. Domani andiamo/andremo da Stefano.
2. Gianni mi ama/ama me!
3. Loro si danno del tu.
4. Paolo ha scritto una bella tesi.
5. Lui abita nell'Italia del Sud/nel Sud Italia.

Tema 2

A. Occhio al pronome!

2. Devi finirlo.
3. Voglio telefonarle.
4. Devo ordinarne due.
5. Dobbiamo scrivergli.
6. Posso spedirli.

B. Occhio al futuro di probabilità!

3. Non lo so. Sarà andato [*this part will vary*].
4. Non lo so. Sarà partito [*this part will vary*].
5. Non lo so. Costeranno [*this part will vary*].
6. Non lo so. Saranno [*this part will vary*].
7. Non lo so. Avrà [*this part will vary*].
8. Non lo so. Ci vorranno [*this part will vary*].

C. Ripassiamo il plurale!

2. la radio, le radio
3. il telegramma, i telegrammi
4. il medico, i medici
5. la stagione, le stagioni
6. il paio, le paia
7. il programma, i programmi
8. l'impermeabile, gli impermeabili
9. la crisi, le crisi
10. la poesia, le poesie
11. la trasmissione, le trasmissioni
12. il pomeriggio, i pomeriggi
13. l'episodio, gli episodi
14. l'ipotesi, le ipotesi
15. l'artista, gli artisti/le artiste
16. lo/la psicanalista, gli psicanalisti/le psicanaliste

D. Le professioni. 2. f 3. e 4. a 5. c 6. d

E. Occhio al verbo *piacere!*

2. Sì, mi è piaciuto.
3. Sì, mi piacevano.
4. Sì, mi sono piaciute.
5. Sì, gli è piaciuto.
6. Sì, le sono piaciuti.
7. Sì, mi piace.

Attività di espansione

A. La parola fuori posto.

1. Petrarca 2. orientale 3. ovest 4. Gatto

B. L'oroscopo.

I. potrete, porterete, avrete, risolverete, realizzerete, risolverete, sarà, causerà, avrete, aiuterà

II. [*Answers will vary.*]

III. 1. b 2. a 3. b 4. b 5. a 6. b 7. a

C. Traduciamo!

1. A Marco piace Stefania.
2. Tu piaci a Diana.
3. Da bambino/a, mi piaceva leggere Mickey Mouse.
4. Ti piacciono i fumetti?
5. Ti piace studiare l'italiano?
6. Perché non ti è piaciuto il film?
7. Ai bambini piace leggere i fumetti.
8. Agli Italiani piacciono le partite di calcio.
9. A mia madre non piace guardare la televisione.
10. Le è veramente piaciuto il regalo del compleanno.
11. Agli studenti piacciono i voti buoni.
12. Ai professori piacciono gli studenti bravi.
13. Chi mi ha telefonato/chiamato? John?
    No, qualcun altro ti ha telefonato.
14. Non vale la pena farlo.
15. Bill si sposerà con Sonia.
16. Eccoli!/Eccole!

D. I miei gusti.
I. [*Answers will vary.*]

II. [*Answers will vary.*]

E. A chi piace che cosa?

2. Ai conigli piacciono le carote.
3. Ai topi piace il formaggio.
4. Agli scoiattoli piacciono le arachidi.
5. Agli elefanti piace l'acqua.
6. Alle anatre piace il pane.
7. Ai leoni piace la carne.

F. A me piace... piacciono... [*Answers will vary.*]

G. Il mondo digitale. [*Answers will vary.*]

H. Come si dice... ? [*Words and expressions will vary.*]

CAPITOLO

Dal medico!

Attività di ripasso

Tema 1

A. Un po' di traduzione.

1. Finamente mi sento bene!
2. Io mantengo la mia famiglia.
3. Noi appoggiamo le tue/vostre idee.
4. Non sopporto questo caldo!
5. Mi fa male lo stomaco.

B. Il corpo umano.

2. la testa
3. l'occhio
4. il naso
5. la bocca
6. il collo
7. il braccio
8. la mano
9. il gomito
10. il ginocchio
11. le dita
12. la gamba
13. il piede

C. Mi sento male! [*Answers will vary.*]

D. Gli «ordini» del medico.

2. Metta
3. Respiri
4. Prenda
5. Torni

E. Dal dottore! [*Dialogues will vary.*]

F. Gli «ordini» della mamma a Pierino.

2. metti
3. chiudi
4. mangia
5. bevi
6. studia
7. scrivi
8. pulisci
9. telefona/scrivi
10. chiudi/apri

G. Gli «ordini» del professore.

2. Leggete
3. Ascoltate
4. Scrivete
5. Cominciate
6. Rispondete
7. Prendete, scrivete
8. Cercate
9. Leggete
10. Ritornate/Andate
11. Chiudete

H. Gli «ordini» dei genitori.

1. Mangia!
2. Dormi!
3. Studia!/Fa' i compiti!
4. Rispondi al telefono!

I. Sì, andiamo al cinema!

1. Sì, telefoniamo a Giuliana!
2. Sì, ordiniamo la/una pizza!
3. Sì, pranziamo insieme!
4. Sì, invitiamo anche Marco!
5. Sì, guardiamo la televisione!
6. Sì, usciamo!
7. Sì, torniamo a casa!
8. Sì, rimaniamo ancora un po'!

J. Che tempaccio!

1. Che tempaccio!
2. (Lei) Ha detto una parolaccia.
3. Chi è quel ragazzino?
4. Abbiamo comprato una casetta in campagna.
5. Questo professore usa sempre paroloni.

K. Sì, ci sono stato!

2. Sì, ci siamo andati!
3. Sì, ci vado spesso!
4. Sì, ci siamo andati!
5. Sì, ci sono stata!
6. Sì, ci va spesso!

Tema 2

A. Gli «ordini» del medico!

I. 2. Prenda
3. faccia
4. Beva
5. Dia
6. Stia
7. Venga/Torni
8. Stia/Rimanga
9. Abbia

II. 2. Sta'/Stai
3. Metti
4. Prendi
5. Chiudi
6. Sii
7. Bevi

B. Non beva alcolici!

I. 2. non fumi
3. non mangi
4. non vada
5. non abbia
6. non faccia
7. non prenda

II. 2. non fumare
3. non mangiare
4. non andare
5. non avere
6. non fare
7. non prendere

C. Occhio all'imperativo!

1. aprite, leggete
2. segua, venga, faccia, guardi, legga
3. pulisci, metti
4. parlare, Sta'/Stai
5. va'

D. Traduciamo!

1. Per piacere/Per favore, scriva quella lettera e la spedisca immediatamente!
2. Giovanna, studia bene questo capitolo e fa' tutti gli esercizi per domani.
3. Non andare in quella stanza e non disturbare tuo padre.
4. Per piacere/Per favore, ragazzi/bambini, stasera non uscite. State a casa e fate i compiti.
5. Per piacere/Per favore, non guardare quel programma in/alla televisione. Usciamo invece.
6. Signor Covelli, per piacere/per favore, dia questa medicina a suo figlio due volte al giorno prima dei pasti.
7. Per piacere/Per favore John, vieni qui/qua! Ho bisogno di aiuto.
8. Si accomodi/Entri, signor Bonelli! Aspetti un momento/attimo. Il dottor Morri sarà qui fra poco.
9. Sandra ha cominciato/iniziato a studiare.
10. Cercherò di finire il compito prima delle sei.

Attività di espansione

A. Dal medico!

1. Dottore, la mia amica Jane non si sente bene. Ha il mal di gola, il mal di testa, la febbre e una tosse terribile.
2. Jane, the doctor says you have the flu and that you must go to bed, drink lots of fluids, and come back to see him in two weeks.

B. Mi sento male!

1. Caro professore, non vengo a lezione da una settimana perché ho l'influenza.
2. Ho tosse, mal di stomaco, mal di testa e febbre.
3. Il dottore mi ha detto che ho bisogno di riposo.
4. Tornerò a lezione la settimana prossima.

C. In farmacia! [*Answers will vary.*]

CLIENTE: Ho un forte mal di testa/mal di denti. Cosa posso prendere?/Cos'ha per il mal di testa/mal di denti?
CLIENTE: Quante compresse devo prendere?
CLIENTE: Posso darla al bambino?
CLIENTE: Grazie, arrivederci!

D. Giochiamo con la pubblicità.

I.
a. sottovalutare, combatti
b. prendi
c. difendi
d. usa, lotta
e. rilassa, adopera
f. compra, quieta
g. calma

II. [*Answers will vary.*]

E. Il mondo digitale. [*Answers will vary.*]

F. Come si dice... ? [*Words and expressions will vary.*]

CAPITOLO

All'aeroporto!

Attività di ripasso

Tema 1

A. Dov'è.

1. vero
2. falso
3. vero
4. vero
5. vero
6. vero
7. vero
8. vero
9. falso
10. falso

B. Glieli do adesso!

2. Gliela compro [*this part will vary*].
3. Gliela scrivo [*this part will vary*].
4. Glielo porto [*this part will vary*].
5. Glieli mando [*this part will vary*].
6. Gliela faccio [*this part will vary*].
7. Gliela do [*this part will vary*].

C. Certo che te li ho dati!

2. Certo che te l'ho dato!
3. Certo che te le ho date!
4. Certo che te li ho dati!
5. Certo che te l'ho data!
6. Certo che te l'ho dato!
7. Certo che te l'ho data!
8. Certo che te l'ho dato!

D. Occhio al pronome doppio!

2. glielo
3. te la
4. ce l'hanno portata
5. te lo
6. Glielo
7. te l'ho fatta
8. ve lo
9. Glielo
10. Glielo
11. ce l'

E. Pronomi doppi con i verbi riflessivi.

1. Sì, me le sono lavate.
2. Sì, me lo sono messo.
3. Sì, me la sono provata.
4. Sì, se li è lavati.
5. Sì, ce li siamo messi.
6. Sì, se le è pulite.
7. Sì, ce le siamo lavate.
8. Sì, se l'è messo.

F. Traduciamo!

I.
1. Giovanni, svegliati!
2. Alzati!
3. Lavati!
4. Fa' colazione!
5. Va' a scuola!
6. Fa' i compiti!
7. Va' a giocare!
8. Mangia la mela!
9. Bevi il latte!
10. Siediti!

II. 1. Apra il libro!
2. Ascolti il dialogo!
3. Chiuda il libro!
4. Faccia attenzione!/Stia attento!
5. Legga la frase!
6. Risponda alle domande!
7. Scriva una frase in italiano!
8. Metta il libro sul tavolo!
9. Finisca i compiti!
10. Vada in biblioteca!

Tema 2

A. A chi hanno dato il premio?

2. Hanno dato il premio a noi?
3. Hanno dato il premio a lui/a loro?
4. Hanno dato il premio a lei?
5. Hanno dato il premio a voi?
6. Hanno dato il premio a te?

B. Certo! Mangialo!

2. Certo! Prendilo!
3. Certo! Bevila!
4. Certo! Dagli la medicina!
5. Certo! Falli!
6. Certo! Spediscile!
7. Certo! Scrivila!
8. Certo! Scrivile!
9. Certo! Telefonagli!
10. Certo! Finiscili!

C. Mi telefoni alle otto.

1. Mi telefoni
2. lo legga
3. Li prenda
4. lo beva
5. la mangi
6. La scriva
7. Gli dica
8. Le dica
9. Ne prenda
10. La porti

D. Occhio all'imperativo!

2. si alzi!
3. apra la finestra!
4. non vada via!
5. mi dica la verità!
6. legga le istruzioni!
7. non parta!
8. si metta il cappotto!
9. non entri!
10. mi dia cento dollari!

E. Le coppie.

2. f
3. e
4. a
5. b
6. d

F. Botta e risposta.

2. f
3. i
4. b
5. a
6. j
7. c
8. e
9. m
10. l
11. g
12. k
13. h

Attività di espansione

A. Traduciamo!

1. — Le hai mandato/spedito la lettera?
   — No, gliela manderò/mando/spedirò/spedisco domani.
2. — Ho dato a te il mio passaporto?
   — Sì, l'hai dato a me!
3. Marco abita vicino all'aeroporto.
4. Lui non si lava mai le mani.
5. Vieni con me!
6. Questo biglietto è per te, non per me!
7. John, dimmi la verità!
8. Marco e Simona abitano a Roma, in Italia; John e Lisa abitano negli Stati Uniti.

B. Pronti per l'imbarco!

1. Il passeggero viaggia con l'Alitalia.
2. Il numero del volo è AZ0651.
3. La data di partenza è il tre febbraio.
4. Il passaggero si chiama P. Rossi.
5. Il passaggero va a Roma.
6. Viaggia in classe turistica.
7. Il numero del posto è 35A.
8. Il numero dell'uscita è 90.
9. Deve chiedere all'assistente di volo.
10. Si chiama Aeroporto Leonardo da Vinci.

C. Benvenuti a bordo!

1. L'Alitalia Airplus è la nuova carta di credito dell'Alitalia.
2. Possiamo comprare/acquistare biglietti e pagare alberghi, ristoranti, noleggi auto e duty-free shops.
3. Possiamo acquistarla presso gli uffici Alitalia oppure tramite le agenzie di viaggio.

D. Siamo a Roma, in albergo.

1. L'albergo si chiama Leon D'Oro.
2. Il numero di telefono è 731466/735217.
3. Sì, le camere di quest'albergo hanno il bagno.
4. Quest'albergo è a Roma, in Via Gioberti, vicino alla Stazione Termini.

E. Visitiamo Firenze!

1. Il fiume di Firenze è l'Arno.
2. [*Answers will vary.*]
3. Il turista compra scarpe, borse, gioielli, articoli di antiquariato e di abbigliamento, articoli di paglia, ecc.
4. I due migliori alberghi sono Villa Medici e il Regency.
5. Il ristorante «Da Noi» è famoso per i vini.
6. Dante Alighieri è il primo grande poeta in lingua italiana, autore della *Divina Commedia*.
7. In estate a Firenze di solito fa molto caldo.
8. Il 24 giugno si celebra la festa di San Giovanni Battista.

F. Eurofly. Il piacere di volare charter. [*Answers may vary slightly.*]

1. Eurofly è una compagnia charter del Gruppo Alitalia.
2. Su questi voli possiamo gustare pranzi squisiti e ottimi vini.
3. Gli assistenti di volo sono sempre professionali, cortesi ed efficienti.
4. Se effettuiamo un volo di andata e ritorno intercontinentale, possiamo guadagnare ben 4000 miglia del Club Millemiglia.

G. Il mondo digitale avviso ai naviganti. [*Answers will vary.*]

H. Come si dice... ? [*Words and expressions will vary.*]

CAPITOLO

15 Cara Silvia...

Attività di ripasso

Tema 1

A. Giochiamo con le parole!

1. lettera
2. busta
3. gomma
4. inchiostro
5. mittente

B. Occhio al passato remoto!

1. capì; capirono
2. andò; andarono
3. inventò; inventarono
4. scoprì; scoprirono
5. pensò; pensarono
6. crede/credette; crederono/credettero
7. ascoltò; ascoltarono
8. riceve/ricevette; riceverono/ricevettero

C. Il passato remoto.

I. La volpe e l'uva.

2. fece=fare
3. riuscì=riuscire
4. disse=dire

II. Cappuccetto Rosso.

2. diede=dare
3. disse=dire
4. si fermò=fermarsi
5. incontrò=incontrare
6. domandò=domandare
7. rispose=rispondere
8. salutò=salutare
9. corse=correre
10. mangiò=mangiare
11. si sdraiò=sdraiarsi
12. arrivò=arrivare
13. fu=essere
14. disse=dire
15. saltò=saltare
16. mangiò=mangiare
17. passò=passare
18. ammazzò=ammazzare
19. salvò=salvare

D. Conosci la storia?

2. morì
3. scoprì
4. emigrarono
5. viaggiò
6. cominciò
7. finì

E. Gli avverbi!

1. elegantemente
2. felicemente
3. veramente
4. affettuosamente
5. generalmente
6. gentilmente
7. regolarmente
8. precisamente

F. Caro Joe... [*Letters will vary.*]

Tema 2

A. Scrivigliela subito!

2. Certo. Mandaglieli subito!
3. Certo. Daccelo subito!
4. Certo. Comprameli subito!
5. Certo. Portagliela subito!
6. Certo. Fammela subito!
7. Certo. Dimmela subito!
8. Certo. Portaglielo subito!

B. Non farlo!

2. No, non berla!
3. No, non guardarla!
4. No, non comprarlo!
5. No, non telefonargli!
6. No, non sederti!
7. No, non entrare!
8. No, non prenderlo!
9. No, non alzarti!
10. No, non leggerla!

C. Non dargliele!

2. non portarglieli
3. non darglielo
4. non dirgliela
5. non farmelo
6. non spedirli

Attività di espansione

A. Cartoline dall'America.

1. Caro, bene, mancanza, abbraccio/saluto/bacione
2. divertendo, città, saluti, bacioni

B. Una cartolina dall'Italia. [*Answers will vary.*]

C. Avvisi economici. [*Letters will vary*]

D. Vero o falso?

1. vero
2. falso
3. falso
4. vero
5. falso
6. vero
7. vero

E. La parola fuori posto.

1. la carta d'imbarco
2. nuotare
3. affettuoso

F. Giochiamo con i francobolli. [*Answers will vary.*]

G. Il mondo digitale. [*Answers will vary.*]

H. Come si dice... ? [*Words and expressions will vary.*]

CAPITOLO

16 L'automobile

Attività di ripasso

Tema 1

A. Le parti della macchina.

1. (il) cofano
2. (il) finestrino
3. (la) ruota
4. (lo) sportello
5. (il) faro
6. (il) parabrezza
7. (il) volante
8. (il) paraurti
9. (la) targa

B. Un po' di grammatica...

cercare: tu cercheresti; loro cercherebbero; io cercherei; lui cercherebbe; voi cerchereste

bere: tu berresti; io berrei; noi berremmo; voi berreste; lui berrebbe; loro berrebbero

andare: io andrei; noi andremmo; tu andresti; lui andrebbe; voi andreste; loro andrebbero

cominciare: io comincerei; noi cominceremmo; lui comincerebbe; loro comincerebbero; voi comincereste; tu cominceresti

C. Occhio al condizionale!

2. avremmo
3. potrebbe
4. dovrebbe
5. saprebbe
6. vorremmo

D. Le cose che vorrei fare ma non posso...

I.
2. andremmo
3. pagherebbe
4. berrei
5. andremmo
6. mangerei
7. dormirebbe
8. girerei
9. berrebbe
10. piacerebbe

II. [*Answers will vary.*]

E. Un po' di cortesia...

2. Potrebbe prestarmi 100 dollari, per favore?
3. Vorrei un caffè, per favore.
4. Non saprei cosa dire...
5. Dovresti portare la macchina dal meccanico per un controllo...
6. Lei dovrebbe controllare l'olio più spesso...
7. Per favore, potrebbe darmi quel giornale, signora?
8. Non dovreste parbre così forte.
9. Vorreste andare in centro?
10. Noi avremmo bisogno di un prestito.

F. Per dare un consiglio: «Dovresti fare cosi...» [*Answers will vary.*]

G. Per giustificarsi: «L'avrei fatto, ma non ho potuto.»

3. Io l'avrei scritta, ma [*this part will vary*].
4. Io ci sarei andato/a, ma [*this part will vary*].
5. Io l'avrei comprato, ma [*this part will vary*].
6. Io li avrei depositati, ma [*this part will vary*].
7. Io sarei rimasto/a a casa, ma [*this part will vary*].
8. Io l'avrei presa, ma [*this part will vary*].
9. Io l'avrei pulita, ma [*this part will vary*].
10. Io mi sarei alzato/a presto, ma [*this part will vary*].

H. Per rimproverare: «Avresti dovuto farlo!»

2. Avresti dovuto finirlo!
3. Avresti dovuto farglieli!
4. Avresti dovuto chiederglielo!
5. Avresti dovuto dirgliela!
6. Avresti dovuto spedirglielo!
7. Avresti dovuto imbucarla!
8. Avresti dovuto darglielo!
9. Avresti/Saresti dovuto andarci!

I. Un po' di traduzione!

1. Potrebbe cambiarmi le ruote della macchina, per favore?
2. Vorrei comprare un'altra macchina.
3. Dovresti/Dovrebbe portare la macchina dal meccanico per farla riparare.
4. Avremmo dovuto andare/Saremmo dovuti andare al distributore/alla stazione di benzina, ma non abbiamo avuto tempo.
5. Vorrei andare in vacanza, ma non posso.
6. Avrebbero voluto andare/Sarebbero voluti andare al cinema, ma non hanno potuto.
7. Potrebbe aiutarmi/Mi potrebbe aiutare, per favore, Signor Boni?
8. Potresti farmi/Mi potresti fare un favore, Maria?
9. Avresti dovuto finire i compiti ieri sera.

Tema 2

A. Indovina la parola!

1. strada
2. benzina
3. patente
4. guidare
5. semaforo
6. autostrada

B. Occhio al congiuntivo!

2. cominci
3. parlino
4. dorma
5. finiscano
6. preferisca
7. si alzi
8. mangino
9. sposino
10. mangiamo

C. Uso del *si* impersonale.

3. In tribunale si deve dire la verità.
4. A casa mia si mangia molta pasta.
5. In America si gioca a baseball.
6. Con il pesce si beve il vino bianco.
7. In Italia si gioca a calcio.
8. Al mare ci si diverte molto.
9. In Canada si parlano due lingue.
10. A casa nostra ci si alza presto la mattina.
11. Qui non si può fumare.
12. In Inghilterra si guida a sinistra.
13. Qui non si può parcheggiare la macchina.

D. *Si* impersonale o *si* riflessivo?

1. impersonale
2. riflessivo
3. impersonale
4. riflessivo
5 riflessivo
6. impersonale
7. impersonale
8. riflessivo

E. Un po' di traduzione...

1. — Pensi/Sogni mai di comprare una Ferrari?
   — Sì, ci penso.
2. — Conosci delle macchine/automobili italiane?
   — Sì, ne conosco alcune.
3. Penso che guidi bene.
4. So che guida bene.
5. Si mangia bene in Italia.
6. Quando si è innamorati, si è sempre felici.

Attività di espansione

A. Completiamo!

3. finire, finirei
4. cercherò, cercherei
5. avere, avrei
6. essere, sarò
7. potere, potrei
8. vorrò, vorrei
9. sapere, saprei
10. fare, farò
11. spiegherò, spiegherei

B. Occhio al condizionale!

1. Scusi, saprebbe dirmi che ore sono?
2. Vorrei un caffè, per favore.
3. Potrebbe cambiarmi un euro, per favore?
4. Potresti prestarmi 1.000 euro?
5. Vorrei vedere quel cappotto in vetrina, per favore.
6. Vorrei spedire un telegramma in Canada, per favore.
7. Vorrei dei pomodori, per favore.

C. I segnali stradali.

1. Pedestrian crossing
2. Slippery road
3. Children crossing
4. No entry
5. No parking
6. No U-turn
7. No right turn
8. Stop

D. Occhio alla «Mini»!

1. Automobile – AutoNobile
2. Si fa notare sempre.
3. La Mini è comoda, maneggevole, simpatica, sportiva, con uno stile particolare.
4. Una Mini potrebbe costare [*this part will vary*].
5. *si* impersonale: si guarda, si guida; *si* riflessivo: si fa, s'infila.

E. Il mondo digitale. [*Answers will vary.*]

F. Come si dice... ? [*Words and expressions will vary.*]

CAPITOLO

Lo sport

Attività di ripasso

Tema 1

A. Gli sport

I. [*Answers will vary.*]

II. 1. l'hockey
2. il calcio
3. il tennis
4. il ciclismo
5. il baseball (il football, il basket)
6. il nuoto
7. lo sci

B. Attività sportive.

2. e
3. a
4. b
5. d
6. g
7. f

C. Domande personali. [*Answers will vary.*]

D. So che è vero!

1. guidano
2. sai
3. abita/vive/è
4. avete
5. parte/arriva
6. sono
7. farà
8. spende
9. si è divertita
10. va/andrà

E. Verbi che richiedono il congiuntivo.

a. credo che, immagino che, penso che, non credo che
b. spero che, sono contento (felice) che, ho paura che, mi dispiace che
c. dubito che, non sono sicuro che
d. bisogna che, è necessario che
e. immagino che, sembra che, è possibile (impossibile) che, è probabile che
f. voglio che, spero che, desidero che, preferisco che

F. Occhio al congiuntivo!

1. ti senta
2. vi divertiate
3. finisca/cominci
4. impari
5. capisca
6. parli
7. preferisca
8. cominci
9. legga
10. si alzino
11. imposti/legga/spedisca
12. (si) comprino
13. beva
14. piova
15. prendano
16. abitino

G. Occhio ai congiuntivi irregolari!

1. abbia
2. sia
3. siate
4. dica
5. vada
6. venga
7. stia
8. dia
9. sappia
10. voglia
11. abbiano
12. debba/voglia
13. faccia
14. vogliano/abbiano
15. piaccia

H. Opinioni, emozioni, dubbi. [*Answers will vary.*]

I. Esprimiamo un'opinione! [*Answers will vary.*]

J. Opinioni personali. [*Answers will vary.*]

K. Un'opinione. [*Answers will vary.*]

L. Facciamo dei paragoni!

2. No, il tennis è più difficile del nuoto.
3. No, il francese è più facile dell'italiano.
4. No, Michele è più intelligente di Carlo.
5. No, Fellini è più famoso di Tornatore.
6. No, il vestito è più caro delle scarpe.
7. No, la signora Rossi è più vecchia del signor Rossi.

M. Mettiamo in ordine le parole.

1. La nostra/loro casa è più grande della loro/nostra.
2. La mia/tua macchina è meno bella della tua/mia.
3. Mario è più giovane di me.
4. Mi piace più studiare/lavorare che lavorare/studiare.
5. Questo giocatore è tanto bravo quanto quello.

Tema 2

A. Il mondo dello sport.

2. campo
3. gara
4. palestra
5. pallone
6. partita
7. stadio
8. tifoso

B. Attenzione: congiuntivo o indicativo?

1. parli/capisca/scriva/legga
2. arriva/parte
3. sia
4. mandiate/spediate
5. sarà
6. si sposino
7. provi
8. stia/si senta
9. dice/ha detto
10. abiti/viva
11. farà
12. lavori
13. faccia
14. ha, prende
15. abbia/sia
16. parli

C. Formiamo delle frasi!

1. Io dubito che loro siano andati al cinema ieri sera.
2. Il calcio è lo sport più popolare in Italia.
3. Io non credo che la Juventus ieri abbia perso.
4. La Juventus è la squadra più forte della Serie A.
5. Il football americano è lo sport più divertente che io conosca.
6. Lisa è la studentessa più brava della classe.
7. Io preferisco più giocare a tennis che giocare a basket.

D. Quale delle due?

1. a. viene anche lui?
2. a. d'Italia.
3. b. giochi bene.
4. a. più popolare d'Italia.
5. b. che io conosca.

Attività di espansione

A. Ricostruiamo il dialogo.

1. 7 2. 4 3. 3 4. 2 5. 1 6. 6 7. 5

GINO: Guardiamo la televisione. Vuoi vedere la partita di calcio?
FRANCA: No, vorrei vedere il tennis: oggi c'è un incontro internazionale...
GINO: Tu sei proprio fanatica: vuoi vedere solo tennis!
FRANCA: E tu sei fanatico del calcio! Va bene, vinci tu: guardiamo la partita. Chi gioca?
GINO: Milan-Juventus. Metti sul canale 3!
FRANCA: D'accordo. Però promettimi che stasera vediamo il film di Tornatore.
GINO: Va bene, d'accordo: stasera guarderemo il film!

B. Gli sport più seguiti in TV. [*Answers will vary.*]

C. Lo sport in TV.

1. Il golf è alle ore 18,00.
2. Alle 23,00 c'è l'hockey.
3. Alle 15,00 andrà in onda il tennis.
4. Alle 19,45 c'è Diretta Gol.
5. L'incontro di pugilato andrà in onda alle 23,15. Questo incontro è valido per il titolo mondiale WBC Leggeri.

D. Le notizie sportive. [*Answers will vary.*]

1. A Roma è scomparso Pietro Manca.
2. Pietro Manca aveva 90 anni.
3. Pietro Manca era chiamato «il maestro dei maestri».
4. Milano ha vinto il derby tra Milano e Varese?
5. Il 20 e 21 novembre al PalaEvangelisti di Perugia si svolgeranno i campionati italiani per società.
6. Il rettore della Bocconi premierà Marcello Fontanesi.
7. La Davenport ha vinto nella prima giornata del Masters donne a Los Angeles.

E. Il mondo digitale. [*Answers will vary.*]

F. Come si dice... ? [*Words and expressions will vary.*]

CAPITOLO

18

Lezione finale!

Attività di ripasso

Occhio al passato remoto!

A. Il libro di storia.

si mostrarono, mostrarsi
mostrarono, mostrare
finanziarono, finanziare
promossero, promuovere
seguirono, seguire
nacque, nascere
divennero, divenire
vide, vedere
divenne, divenire
ospitò, ospitare
Fece, fare
Fondò, fondare
fu, essere
progettò, progettare
disegnò, disegnare
studiò, studiare
dipinse, dipingere
si interessò, interessarsi

B. Completiamo...

1. furono
2. ebbe, ebbero
3. scrisse, scrissero
4. comprò, comprarono
5. nacque, nacquero
6. capì, capirono
7. lesse, lessero
8. diede/dette, diedero/dettero
9. mise, misero
10. fece, fecero

C. Conosci storia?

1. fu
2. scrisse
3. vinsero
4. nacque
5. perse
6. dipinse
7. disse, vidi

D. Indovina chi è!

2. Colombo scoprì l'America.
3. Michelangelo dipinse la Cappella Sistina.
4. Romolo fondò la città di Roma.
5. Antonio Meucci (Alexander Graham Bell) inventò il telefono.
6. Dante scrisse la *Divina Commedia*.
7. Neil Armstrong fu il primo uomo che andò sulla luna.
8. Amleto disse «Essere o non essere».
9. Vivian Leigh recitò nella parte di Scarlett O'Hara nel film *Via col vento*.
10. Einstein formulò la «teoria della relatività».

Occhio al congiuntivo!

A. Sì, penso che stia studiando.

2. Sì, penso che stiano guardando la TV.
3. Sì, penso che stia bevendo il caffè.

4. Sì, penso che stia uscendo.
5. Sì, penso che stiano studiando.
6. Sì, penso che stia ascoltando la radio.

B. Occhio al congiuntivo imperfetto!

2. andasse
3. dicesse
4. fosse
5. facesse
6. avesse
7. si alzassero
8. parlasse

C. Credevo che tu fossi italiano! [*Answers will vary.*]

2. Oh, credevo/pensavo/mi sembrava/mi pareva che fosse [*this part will vary*]
3. Oh, credevo/pensavo/mi sembrava/mi pareva che avesse [*this part will vary*]
4. Oh, credevo/pensavo/mi sembrava/mi pareva che vivessero [*this part will vary*]
5. Oh, credevo/pensavo/mi sembrava/mi pareva che partisse [*this part will vary*]
6. Oh, credevo/pensavo/mi sembrava/mi pareva che costasse [*this part will vary*]
7. Oh, credevo/pensavo/mi sembrava/mi pareva che arrivasse [*this part will vary*]
8. Oh, credevo/pensavo/mi sembrava/mi pareva che finisse [*this part will vary*]
9. Oh, credevo/pensavo/mi sembrava/mi pareva che lavorasse [*this part will vary*]
10. Oh, credevo/pensavo/mi sembrava/mi pareva che fosse [*this part will vary*]

D. Vorrei che tu lo facessi!

2. facessi
3. andassi/mi iscrivessi
4. parlassero
5. spendessi
6. guardasse
7. compraste
8. fossi
9. spedisse/inviasse/leggesse
10. spedisse/inviasse/leggesse

E. Io pensavo che fosse uscito!

1. avesse visto
2. fosse andato
3. avessero comprata
4. avesse lasciata
5. avesse finito
6. avesse scritto
7. fossero partiti
8. fosse arrivata

F. Indicativo o congiuntivo?

1. a. è italiana.
   b. sia italiana.
2. a. ha vinto la Juventus/il Milan.
   b. abbia vinto la Juventus/il Milan.
3. a. lavori in una scuola/una banca.
   b. lavora in una scuola/banca.
4. a. abbiano [*this part will vary*]
   b. hanno [*this part will vary*]
5. a. abitavano a Firenze.
   b. abitassero a Firenze.

G. La frase corretta.

1. a. lui abitava in quella casa.
2. b. fosse insegnante!
3. a. gli dessi quei soldi.

4. a. le scrivessi ogni giorno.
5. b. avesse vent'anni.

Occhio alle congiunzioni!

A. Le congiunzioni con il congiuntivo.

1. torni
2. riportiate/ridiate
3. faccia
4. cominci/inizi
5. sia
6. piaccia
7. vada
8. faccia
9. possa
10. imparino/capiscano

Occhio al pronome relativo!

A. Occhio al pronome relativo!

2. cui 3. che 4. cui 5. Chi 6. quello che 7. Chi 8. che 9. che 10. Quello che

B. Occhio al pronome relativo!

1. Chi 2. che 3. cui 4. quello che 5. cui

Occhio al passivo!

A. Il passivo.

2. Oggi molte sostanze nocive sono messe in commercio dalle industrie.
3. La *Divina Commedia* è stata scritta da Dante.
4. La Cappella Sistina è stata dipinta da Michelangelo.
5. La città di Roma è stata fondata da Romolo.
6. L'anno prossimo lo scudetto sarà vinto dalla Juventus.

Occhio al causativo!

A. *Fare* + l'infinito.

1. Il padre fa studiare la matematica al figlio.
2. La madre fa bere il latte al bambino.
3. L'insegnante fa ripetere le frasi agli studenti.
4. Il medico fa prendere gli antibiotici al paziente.
5. Il direttore fa scrivere una lettera alla segretaria.
6. La professoressa fa leggere le poesie agli studenti.

Occhio alla frase ipotetica!

A. Se potessi, uscirei.

2. Se potessi, telefonerei a Gianni.
3. Se potessi, finirei il lavoro stasera.
4. Se potessi, andrei a dormire.
5. Se potessi, mangerei quella pasta.
6. Se potessi, verrei con te a teatro.
7. Se potessi, andrei in Italia.
8. Se potessi, vedrei la partita di calcio.
9. Se potessi, rimarrei qui ancora un po'.
10. Se potessi, berrei una birra.

B. Se venisse Marta, ci verrei anch'io.

2. Sì, se avessi i soldi, farei un viaggio in Europa.
3. Sì, se potessi, andrei allo stadio domani.
4. Sì, se fossi ricco, spenderei più soldi.
5. Sì, se potessi comprare una casa, comprerei una villa al mare.
6. Sì, se mio padre mi lasciasse uscire, io andrei al concerto.
7. Sì, se tornasse Giuliana, andrei a prenderla all'aeroporto.
8. Sì, se avessi la febbre, prenderei degli antibiotici.

C. Se piovesse, non uscirei.

2. Se ci fosse la partita alla TV, la guarderei.
3. Se mi telefonasse Mario, gli direi di venire qui.
4. Se tu decidessi di uscire stasera, verrei con te.
5. Se non smettesse di piovere, prenderei un tassì.
6. Se andaste insieme a quella festa, vi divertireste di sicuro.
7. Se facessi ginnastica, ti sentiresti meglio.
8. Se rimanessi in casa, finirei il saggio.

D. Se fossi ricco... [*Answers will vary.*]

E. Completiamo...

1. avessi, leggerei
2. fosse, andremmo
3. costasse, comprerei
4. facesse, resterei/rimarrei
5. avessi, andrei
6. fossi, aiuteresti
7. parlasse, capirei
8. avessi, presterei
9. mangiasse, sarebbe
10. prendessi, avresti
11. andassi, avrei

F. Ricapitoliamo! Indicativo o congiuntivo?

1. venga
2. vada
3. cominci
4. è
5. siano
6. è
7. abitassi
8. venissi
9. è ritornato
10. potessi

Attività di espansione

A. La sai l'ultima?

1. fumassi
2. quello che
3. farLe
4. fa
5. avesse
6. farsi, caso, andasse
7. rispose